La correspondance

personnelle, administrative et commerciale

SAVOIR·FAIRE

Odile Grand-Clément Mikles

CLE
international

27, rue de la Glacière — *75013 PARIS*

Vente aux enseignants :
18, rue Monsieur-le-Prince — *75006 PARIS*

SOMMAIRE

© CLE INTERNATIONAL, 1991 – ISBN 2.19.033371.7

TROISIÈME PARTIE : EXERCICES D'ENTRAÎNEMENT

INDEX

Avant-propos

Ce livre s'adresse à tous ceux qui veulent apprendre à rédiger des lettres en français dans les situations les plus courantes de la vie quotidienne.

Il est divisé en trois parties :

1. Lettres personnelles classées par «actes de parole», par exemple REMERCIER, REFUSER, S'EXCUSER.
2. Lettres et documents administratifs ou commerciaux regroupés sous des rubriques fonctionnelles, par exemple ASSURANCES, BANQUE, TRAVAIL.
3. Exercices d'entraînement correspondant aux différentes étapes de la rédaction d'une lettre.

Chaque lettre présentée est un exemple, illustrant une situation précise, plutôt qu'un modèle – car comment parler de modèle, notamment pour des lettres personnelles, lorsqu'on connaît les nombreux paramètres qui entrent en jeu dans l'élaboration de ce type d'écrit : statut social de l'expéditeur et du destinataire, relations entre eux, effet recherché, choix du niveau de langue, etc.

Chaque lettre est accompagnée :

– d'un plan descriptif, qui peut servir de canevas pour la rédaction d'une lettre ayant le même objectif que la lettre-exemple ;
– d'une explication du vocabulaire employé, particulièrement utile pour les lettres commerciales et administratives au vocabulaire très spécifique ;
– d'une proposition de choix d'expressions variées adaptées à la situation proposée ;
– d'une rubrique *À noter* sous laquelle sont regroupés conseils, usages sociaux et renseignements pratiques.

Les exercices d'entraînement amènent l'utilisateur à construire une lettre étape par étape, à l'articuler, à choisir les mots ou les expressions appropriés, et enfin à la présenter correctement, selon les règles établies.

Enfin, l'index est un rappel de quelques notions syntaxiques ou lexicales indispensables.

Conseils généraux

Première étape
PRÉPARER LA LETTRE

1. Définissez avec précision l'objectif de votre lettre.
> Exemples : exprimer un sentiment (quel sentiment ?) ;
> formuler une demande (précisez), etc.

2. Notez les idées, les questions ou les faits que vous voulez exposer et les références que vous ne devez pas oublier de signaler (dates, numéro, sommes, noms, etc.).

3. Classez ces éléments dans un ordre logique pour atteindre l'objectif que vous vous êtes fixé :
> Exemple : si vous écrivez pour éclaircir un malentendu, rappelez avec précision les faits chronologiques.

4. Pensez à votre correspondant : sa fonction, sa personnalité (si vous le connaissez personnellement), le temps dont il disposera pour lire votre lettre. Pensez aussi à l'impression que vous voulez produire sur lui. Tous ces éléments vous aideront à trouver le ton de votre lettre (amical, très respectueux, cordial… et en tout cas courtois).

Deuxième étape
RÉDIGER LA LETTRE

1. La formule d'appel
> Choisissez-la en fonction du point 4 ci-dessus.

2. Introduction
> Elle fait généralement référence :
> – soit à un échange de lettres ou de conversations téléphoniques ;
> Exemple : *Votre lettre du 5 mars m'est bien parvenue et je…*
> *Suite à notre conversation téléphonique de ce jour, je…*
> – soit à un fait qu'on veut constater ;
> Exemple : *J'ai été très surpris de ne pas avoir encore reçu le montant de votre loyer et j'aimerais…*
> – soit à une demande ;
> Exemple : *Je me permets de vous écrire pour vous demander quelques renseignements concernant…*

3. Le corps de la lettre
> – Développez les différents points de votre lettre en respectant l'ordre que vous avez choisi (cf. Première étape ; point 3).
> – Relisez :
> • supprimez les répétitions
> • trouvez le mot juste

- coupez les phrases trop longues
- reliez entre elles les phrases trop courtes
- articulez les différentes phrases entre elles (mots de liaison)
- vérifiez l'orthographe (n'hésitez pas à consulter le dictionnaire !)
- n'oubliez pas la ponctuation et les accents

4. La conclusion

Elle peut résumer l'objectif de la lettre en une courte phrase ou s'incorporer à la formule finale :

Exemple : *En vous remerciant par avance de l'aide que vous voudrez bien m'apporter dans ma recherche, je vous prie…*

5. La formule finale

Elle dépend de la position sociale de votre correspondant et des relations que vous entretenez (ou non) avec lui et doit évidemment concorder avec la formule d'appel (cf. Choix de formules finales).

Troisième étape
RECOPIER LA LETTRE

1. Respectez la présentation (cf. p. 8).
2. N'hésitez pas à faire plusieurs paragraphes en sautant une ligne pour marquer les différents développements.
3. Écrivez lisiblement, sans rature ni surcharge, à l'encre noire sur papier blanc et évitez de couper les mots. Les lettres commerciales sont en général tapées à la machine.

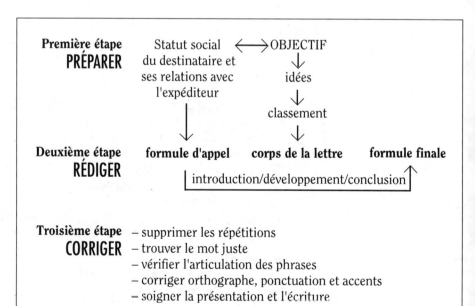

LETTRES PERSONNELLES

Rédiger et présenter
une lettre personnelle

Une lettre personnelle est écrite à la main, même si l'utilisation de plus en plus répandue des ordinateurs personnels modifiera peut-être cette habitude. Le papier à lettres est choisi en fonction de vos goûts et de votre personnalité ainsi que de l'effet que vous voulez produire sur le destinataire (papier blanc ou de couleur, classique ou fantaisie, à en-tête ou non).

La présentation d'une lettre personnelle est beaucoup moins codifiée que celle d'une lettre commerciale (cf. 84). Cependant on respecte en général la présentation suivante :

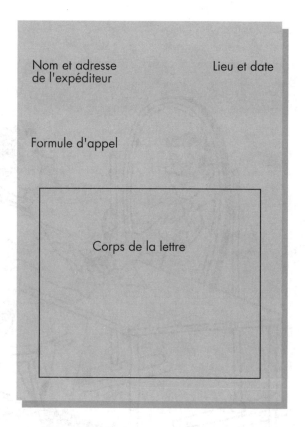

Nom et adresse
de l'expéditeur

Lieu et date

Formule d'appel

Corps de la lettre

Nom et adresse de l'expéditeur

Ils peuvent être imprimés (papier à en-tête) ou écrits à la main… et même complètement supprimés si vous écrivez à un ami ou un parent qui connaissent bien votre adresse.

Lieu et date

On peut également omettre le lieu et même à la limite simplifier la date (Ex : *Lundi soir*… à éviter cependant sauf pour les intimes ou une correspondance suivie).

Formules d'appel

Les plus classiques sont :
– pour une relation : *Chère Madame, Cher Monsieur, Chère Mademoiselle,* (si vous ne savez pas si la personne est mariée : *Chère Madame*)
Attention ! Ne pas écrire : *Ma chère Madame, Mon cher Monsieur,* ou *Chère Madame Lefranc, Cher Monsieur Dubost* (pas de nom de famille)
– pour un(e) ami(e) : *(Ma) chère / (Mon) cher* + le prénom
Chers amis… et aussi d'autres formules moins conventionnelles selon les relations qui vous unissent à votre correspondant et selon votre fantaisie (cf. exemples dans les lettres personnelles suivantes).

Formules finales

Assez amicales et peu formelles :
Très cordialement.
(Bien) amicalement.
Bien à vous.
(Avec) toutes mes amitiés.

Amicales :
Avec toute mon affection. Je vous / t' embrasse affectueusement / bien amicalement. Bons baisers.

L'enveloppe

Quel qu'en soit le format, la présentation reste la même :

L'adresse

– Écrire en toutes lettres : *Monsieur/Madame* + prénom + nom
– La dénomination du lieu s'il y en a une (résidence…, villa… etc.)
– Le numéro, puis le nom de la rue
Si votre correspondant habite chez quelqu'un, spécifiez-le avant l'adresse : *Chez Monsieur…* ou *Aux bons soins de…*
Au Québec, on écrit : *a/s de Monsieur…* (➜ aux soins de)
– Le code postal de la ville : il est composé du numéro du département (il existe 101 départements) suivi du code de la ville ou du village (il y a 36 000 communes) ou, s'il s'agit d'une grande ville, du numéro de l'arrondissement.

Ex : 06140 Vence ➜ 06 = Alpes maritimes ; 140 = code de la ville
      75014 Paris ➜ 75 = Paris ; 014 = 14ᵉ arrondissement
Attention à bien barrer le 7 à et écrire correctement le 1
– Le nom du pays si vous écrivez de l'étranger.
On peut écrire le nom et l'adresse de l'expéditeur en haut à gauche, ou au
dos de l'enveloppe.

```
 _____

  Nom et adresse
  de l'expéditeur
                                            Timbre



                   Nom et adresse des
                   destinataires
                   code postal + ville

```

Mentions spéciales sur l'enveloppe (à gauche de l'adresse) :
– *Personnel* ou *Confidentiel* pour que le courrier ne soit pas ouvert par
une personne autre que le destinataire lui-même.
– *Prière de faire suivre* : vous ne connaissez pas la nouvelle adresse de
votre correspondant et lui écrivez à son ancienne adresse dans l'espoir
qu'on lui fasse suivre son courrier.
– *Par avion* : si on utilise une enveloppe normale et non dite «par avion».

Cartes de visite

Elles sont rédigées à la 3ᵉ personne (*M. et Mme X vous prient de…*)
On ne signe pas une carte de visite. Elles sont utilisées surtout :
– pour présenter ses félicitations, ses condoléances ou ses vœux à des
relations
– pour inviter à une réception ou à un dîner
– pour accompagner un chèque, un cadeau, un envoi de fleurs.

Télégrammes

Rédigés sur un imprimé spécial à la poste ou téléphonés, on les envoie en cas d'urgence (impossibilité de joindre le correspondant au téléphone pour annoncer un décès, annulation d'un rendez-vous, etc.) ou pour faire savoir au correspondant qu'on pense à lui dans une circonstance importante (mariage, examen, etc.). Pour utiliser le moins de mots possible, écrire tout d'abord le message complet puis supprimer les articles, les pronoms, les prépositions, et éventuellement remplacer les verbes par des substantifs :

Ex : *Je ne pourrai pas rentrer lundi parce que je dois assister à une réunion mardi. Je suis désolé et t'embrasse bien fort.* (23 mots)
Impossible rentrer lundi. Dois assister réunion mardi. Désolé. Baisers. (9 mots)

Vérifiez s'il existe un service de distribution spéciale de télégrammes dans la ville de votre correspondant… sinon votre télégramme n'arrivera pas plus rapidement qu'une lettre ordinaire !

À Paris, et dans certaines communes de la banlieue parisienne, il existe des «pneumatiques», lettres distribuées quelques heures après leur dépôt sous certaines conditions (se renseigner auprès des bureaux de poste).

ACCEPTER UNE INVITATION POUR LE WEEK-END

Lyon, le 14 mai 19..

Chers amis,

Votre invitation pour le week-end de la Pentecôte m'a beaucoup touché et je l'accepte avec le plus grand plaisir. La Camargue est une région que j'ai toujours rêvé de connaître et je me réjouis de pouvoir le faire en votre compagnie.
Je prendrai le TGV jusqu'à Nîmes, puis un taxi. Grâce au plan détaillé que vous avez eu la gentillesse de m'envoyer, je n'aurai pas de difficulté à trouver votre maison. Je compte arriver le 31 mai vers 17 heures si cela vous convient.

En attendant le plaisir de vous revoir, je vous adresse mon souvenir le plus cordial.

Peter

M. Yves de Villeneuve

Participera avec grand plaisir à la pendaison de crémaillère à laquelle vous l'avez convié pour le vendredi 15 septembre.

M. et Mme Dufour

Vous remercient de votre aimable invitation à laquelle ils auront le plaisir de se rendre.

12

PLAN

Formule d'appel
amicale

Corps de la lettre
1. Acceptation de l'invitation (rappel de la date) et sentiment qu'elle a suscité (qui tient lieu de remerciement).
2. Expression du plaisir anticipé d'être en compagnie de ses hôtes.
3. Précisions concernant la date, le lieu et l'heure.

Formule finale
Reformulation du plaisir d'accepter l'invitation et expression un peu formelle d'amitié.

VOCABULAIRE

- la Pentecôte ➜ fête chrétienne célébrée le 7ᵉ dimanche après Pâques
- le TGV ➜ le train à grande vitesse
- une pendaison de crémaillère ➜ une réception à l'occasion de l'emménagement dans une nouvelle maison ou un nouvel appartement

ACCEPTER UNE INVITATION

Votre invitation m'a beaucoup touché(e) et je serai heureux(se) de m'y rendre.
C'est avec (grand) plaisir que j'accepte votre invitation…
Nous serons très heureux de nous rendre à votre réception / votre dîner / votre cocktail / votre vernissage, etc.
Je me fais une (grande) joie à l'idée de vous revoir / de dîner avec vous / d'assister à…
Je vous remercie de m'avoir convié(e) à… et serai heureux(se) d'être parmi vous le… / … ce jour-là.
Nous vous remercions de votre aimable invitation que nous avons le plaisir d'accepter.

ACCEPTER UNE PROPOSITION AUTRE QU'UNE INVITATION

J'accepte de + infinitif / *que* + subjonctif
Je suis d'accord pour + infinitif / *pour que* + subjonctif
Je veux bien + infinitif / *que* + subjonctif
Je consens à + infinitif / *à ce que* + subjonctif
Je suis disposé(e) à + infinitif / *à ce que* + subjonctif

Les cartes de visite sont particulièrement pratiques pour répondre à une invitation à dîner, à une réception, un vernissage, un mariage, etc.

Sur un carton d'invitation la formule «R.S.V.P.» («répondez s'il vous plaît») signifie qu'une réponse est attendue. De plus, il est recommandé de répondre aux invitations le plus tôt possible. Rappelez dans votre réponse l'heure et le jour de l'invitation pour éviter tout malentendu.

PRÉVENIR DES AMIS DE L'ANNULATION D'UN SÉJOUR

Dortmund, le 15 juin 19..

Chers amis,

J'ai essayé de vous joindre au téléphone sans succès pour vous annoncer que nous sommes contraints d'annuler notre séjour en France et ceci, croyez-moi, à notre grand regret.

En effet, il y a un mois, la société d'informatique qui emploie Hans a procédé à une réorganisation complète de ses services, ce qui a entraîné quelques licenciements. Heureusement le résultat de ces changements a été au contraire très positif pour lui : une promotion inespérée (mais du même coup un surcroît de travail !). En outre, il y a de fortes chances qu'il soit muté sous peu dans une autre usine en Bavière et que, par conséquent, nous soyons obligés de déménager bientôt. Nous vivons donc dans l'incertitude des semaines à venir en attendant la décision finale.

Pour toutes ces raisons nous avons pris la décision de renoncer à notre voyage, et pourtant nous nous réjouissions tant à l'idée de passer ces vacances près de vous !... L'incertitude de notre situation est telle que nous sommes dans l'obligation de rester sur place. Aussi ai-je déjà fait le nécessaire pour résilier le contrat de location de la maison de Quimper.

Pardonnez-moi de vous prévenir si tard, mais vous comprendrez qu'en aucun cas nous n'aurions pu prévoir ces événements. Je vous tiendrai au courant de l'évolution de la situation. De toute façon je suis sûre que nous aurons l'occasion de nous revoir en France ou en Allemagne où vous êtes toujours les bienvenus.

Nous vous adressons, chers amis, notre affectueux souvenir.

Erika

PLAN

Formule d'appel
collective et amicale

Corps de la lettre
1. Motifs de la lettre : impossibilité de joindre le correspondant au téléphone et annonce de la décision d'annulation.
2. Exposé détaillé des raisons de cette décision.
3. Regret et conséquences du changement de projet.
4. Excuses, réitération du regret et espoir d'une prochaine visite.

MOTS DE LIAISON

en effet, en outre, donc, pour toutes ces raisons, aussi, de toute façon

VOCABULAIRE

• un surcroît de travail ➜ encore plus de travail
• muté ➜ envoyé

ANNULER

Exposer les conséquences d'un événement imprévu

Dans la même phrase :
... [cause] ... *si bien que*
⎫
de (telle) sorte que   } *nous ne pouvons pas...*
tant et si bien que   ⎭ *nous sommes obligés de...*
Je suis tellement / si occupé(e) que je me vois dans l'obligation de...
Nous avons eu de telles difficultés que nous avons décidé de...

Ou, après le récit de l'événement à l'origine de la décision d'annuler, on peut en montrer les conséquences en utilisant les mots de liaison suivants :

par conséquent / en conséquence il nous a fallu...
de ce fait / c'est pourquoi nous avons dû...
dès lors, nous avons pris la décision de...
c'est la raison pour laquelle nous sommes obligés de...
pour toutes ces raisons nous ne pouvons pas...
ainsi / aussi a-t-il fallu nous décider à...
d'où / de là notre décision d'annuler...

VOIR AUSSI «REFUSER» p. 46

À NOTER   Prévenez le plus tôt possible ceux qui sont concernés directement ou indirectement par votre changement de programme.
L'annulation s'accompagne généralement d'excuses (VOIR «S'EXCUSER» p. 24) et de regrets.

CONSEILLER UNE AMIE EN DIFFICULTÉ

Angers, le 26 mars 19..

Ma chère Sophie,

Si ton coup de téléphone m'a fait plaisir, il m'a également un peu attristée. Tu as l'air bien déprimée. Je comprends que c'est très décourageant d'avoir un fils qui refuse de travailler alors qu'il a déjà été recalé une fois au bac. Tout en continuant à faire preuve de patience, tu dois à présent le placer en face de ses responsabilités.

Pourquoi ne pas le mettre en pension ?... même si, je sais, ce n'est pas la panacée, mais là il serait bien obligé de travailler. Il faudrait trouver une pension sérieuse. Demande à Thérèse : elle connaît bien les écoles de ta région. Tu pourrais l'inscrire dans un établissement assez proche pour qu'il puisse passer le week-end à la maison de temps en temps.

Et si tu en parlais à Éric ? Il est de bon conseil. Tu n'as qu'à lui téléphoner. Je suis sûre qu'il fera tout pour t'aider. Et puis, prends également soin de toi car avec tous ces soucis tu vas finir par tomber malade. Que dirais-tu d'un petit séjour chez moi une fois que tu auras résolu le problème avec ton fils ?

Je ne sais pas si mes modestes conseils et suggestions t'aideront, mais comme, à mon avis, le problème ne date pas d'hier, il ne peut pas être réglé en un tour de main. À ta place j'essaierais surtout de dédramatiser au maximum.

Bon courage ! Tiens-moi au courant... et n'oublie pas mon invitation. Tu seras toujours la bienvenue chez moi.

Sois assurée de ma fidèle amitié. Baisers.

Paula

PLAN

Formule d'appel
  très amicale

Corps de la lettre
  1. Motif de la lettre : référence à une conversation téléphonique.
  Constat de la situation.
  2. Diverses suggestions.

3. Autres suggestions et marques d'amitié : aide possible d'autres amis, préoccupation de l'état de santé du correspondant, invitation.
4. Résumé des conseils.
5. Conclusion : réitération des marques d'amitié.

Formule finale
amicale et chaleureuse

MOTS DE LIAISON

et puis

VOCABULAIRE

- être recalé à un examen → ne pas réussir
- la panacée → le remède universel contre tous les maux
- tu n'as qu'à… → tu dois simplement (familier «n'avoir qu'à»)
- en un tour de main → très rapidement
- dédramatiser → ne pas rendre quelque chose dramatique
- tiens–moi au courant → continue à m'informer de la situation

CONSEILLER / SUGGÉRER

Attention aux temps des verbes :
Si vous voulez être ferme, employez le présent de l'indicatif :

Tu dois
Tu peux } + infinitif

Il faut
Il vaut mieux
N'est–il pas possible (de) } + infinitif ou *que* + subjonctif
À mon avis, c'est mieux (de)
Il serait préférable (de)

Si vous voulez être plus diplomatique, employez le conditionnel présent :

Tu devrais
Tu pourrais
Il vaudrait mieux } + infinitif
Tu ferais mieux de

Il faudrait
Ne serait–il pas possible (de) } + infinitif ou *que* + subjonctif
À mon avis ce serait mieux (de)

À ta place, je choisirais (ou autre verbe au conditionnel)
Si j'étais toi, je partirais (ou autre verbe au conditionnel)

Mais vous pouvez aussi employer :
l'impératif : *Repose-toi ! Ne t'inquiète pas !*
l'infinitif négatif (avec «pourquoi») : *Pourquoi ne pas prendre des vacances ?*
l'imparfait (avec «et si») : *Et si tu venais me voir ?*
le style indirect : *Quant à moi je te conseille de…*

À NOTER

Écrire une lettre pour conseiller est toujours délicat. N'en dites pas trop et surtout que votre lettre soit un témoignage d'amitié plutôt qu'une longue liste de conseils.

17

ÉCRIRE À UN CORRESPONDANT FRANÇAIS

Juan Manuelo Sanchez-Zayas   Granada, le 1er mai 19..
Calle Levante 11
Granada, Espagne

Salut Nathalie!

J'ai eu ton adresse par mon professeur de français qui s'occupe
d'échanges entre lycéens de différentes nationalités et j'aimerais bien
correspondre avec toi pour améliorer mon français et surtout connaître
la vie en France et avoir une amie française.

Je m'appelle Juan, j'ai 17 ans, j'habite à Grenade et suis en première
au Lycée Lorca. Je suis un fan de football et fais partie d'un club.
Nous partons quelquefois disputer des matchs avec d'autres équipes
d'Andalousie. Mon lycée me plaît bien car on y organise beaucoup
d'activités, non seulement sportives mais aussi culturelles (théâtre,
cinéma, expositions et concerts). J'adore lire et préfère la littérature
sud-américaine à la littérature espagnole. Je suis fou de musique rock
et ici en Espagne, nous avons de bons groupes. Avec mes amis nous allons
danser dans des boîtes une fois par semaine.

Cela fait trois ans que j'apprends le français et j'aime bien cette
langue même si je la trouve difficile (surtout l'orthographe et les
verbes!). Je déteste la physique et la chimie et n'aime pas trop les
maths. Après le bac, je souhaiterais faire des études dans une école de
journalisme.

Et toi ? Écris-moi pour me dire ce que tu fais, ce que tu aimes, comment
tu vis. Je t'envoie une photo de moi (pas super !) et voudrais bien en
avoir une de toi.

Amicalement,

                                                              Juan

PLAN

Formule d'appel
   familière

Corps de la lettre
   1. Introduction : source d'information (professeur de français) et
   motif de la lettre.

2. Présentation de l'auteur de la lettre : nom, âge, domicile, activités, goûts.

3. Point commun entre les deux correspondants : ici la langue française.

4. Demande de réponse et d'information sur les goûts et activités du correspondant.

Formule finale

simple, brève et amicale

VOCABULAIRE

le pays	la langue	la personne	l'adjectif
la France	le français	un Français	français
l'Espagne	l'espagnol	un Espagnol	espagnol
l'Allemagne	l'allemand	un Allemand	allemand
l'Angleterre	l'anglais	un Anglais	anglais, etc.

La majuscule est utilisée seulement pour le pays et l'habitant. La langue est au masculin.

• une boîte ➜ ici, boîte de nuit, une discothèque, un night–club

EXPRIMER SES GOÛTS

Voici quelques verbes classés par ordre croissant d'intensité :

J'aime bien	+	*Je n'aime pas beaucoup*	−
...me plaît	+	*Je n'aime pas trop*	−
J'aime beaucoup	++	*Je n'aime pas*	− −
J'aime vraiment beaucoup	+++	*Je ne supporte pas (de)*	− − −
Je suis un(e) fan de	+++	*Je déteste*	− − − −
J'adore	++++	*J'ai horreur (de)*	− − − − −
Je suis fou / folle (de)	+++++	*Je hais*	− − − − − −

* suivis directement de l'infinitif (ou d'un nom)

Attention :   *Je l'aime.* ➜ *Je suis amoureux d'elle ou de lui.*
Je l'aime bien. ➜ *Je l'apprécie beaucoup.*
Je l'aime beaucoup. (amitié)
(«très beaucoup» est impossible, mais on peut dire :
vraiment beaucoup ou *énormément* pour accentuer)

Je préfère le tennis au football. / J'aime mieux le tennis que le football.
Je préfère / J'aime mieux marcher que courir.

En règle générale il n'est pas conseillé de parler trop de soi et de répéter «je» dans une lettre. Toutefois le but de cette lettre est de faire connaissance. La répétition n'est donc pas choquante ici.

N'oubliez pas d'écrire votre adresse lisiblement si vous voulez une réponse !

DEMANDER DES IDÉES DE CADEAUX À L'OCCASION D'UN MARIAGE

Dallas, le 4 juin 19..

Chers amis,

Nous venons de recevoir le faire-part de mariage d'Élodie et nous voudrions vous dire combien cette nouvelle nous fait plaisir. Nous savons, par Kathy, que vous êtes vous aussi très heureux de cette union et que votre futur gendre a été tout de suite adopté par toute la famille.

Nous vous remercions de votre invitation mais, à notre grand regret, nous ne pourrons pas nous rendre en France cette année. Bob a monté une nouvelle affaire de menuiserie et il ne peut pas prendre de vacances. En revanche, Kathy ne veut pas manquer cette grande occasion et prévoit de faire un voyage en Europe autour des dates du mariage.

Nous voudrions bien sûr offrir un cadeau aux jeunes mariés. Auriez-vous une idée sur ce qui leur plairait ? Un cadeau que je choisirais personnellement ici ou tout simplement un chèque qu'ils pourraient utiliser à leur gré ? Merci de bien vouloir me répondre.

Si, après le mariage de votre fille, vous souhaitez vous aussi vous offrir une petite lune de miel aux États-Unis, vous savez que notre maison vous est ouverte et que nous serions ravis de vous y accueillir.

Bob se joint à moi pour adresser dès à présent tous nos vœux de bonheur aux futurs jeunes mariés et vous assurer de notre fidèle amitié.

Beverly

PLAN

Formule d'appel
cordiale

Corps de la lettre
1. Introduction : accusé de réception du faire-part et sentiment de partager la joie de la famille.

2. Remerciements pour l'invitation. Ici refus et raison de ce refus (à l'exception d'un membre de la famille).

3. Demande de suggestions pour le cadeau, choix proposé.

4. Marque d'amitié pour le correspondant : ici proposition d'invitation.

Formule d'appel

vœux et expression assez formelle de relations amicales

MOTS DE LIAISON

en revanche

VOCABULAIRE

• le gendre ➜ le mari de votre fille
• à leur gré ➜ comme il leur plaira
• la lune de miel ➜ le voyage de noces ➜ un voyage des jeunes époux juste après leur mariage
• assurer quelqu'un de quelque chose ➜ engager quelqu'un à croire à une chose (ici l'amitié)

DEMANDER DES IDÉES DE CADEAUX

Que pourrais-je / pourrions-nous leur / vous offrir ?
Pourriez-vous me dire ⎫ *ce qu'ils aimeraient / vous aimeriez ?*
Pourrais-tu me dire ⎪ *ce dont ils auraient / vous auriez besoin ?*
Sauriez-vous ⎬ *ce qui leur plairait / vous plairait ?*
Saurais-tu ⎪ *ce que je pourrais / nous pourrions*
Je voudrais savoir ⎭ *vous / leur offrir qui vous / leur fasse plaisir ?*
Pouvez-vous me suggérer quelques idées ?
Qu'est-ce qui pourrait vous / leur faire plaisir ?
J'ai pensé à un...   *Crois-tu que ce soit une bonne idée ?*
           En ont-ils déjà un ?
Je me demande s'ils aimeraient avoir ...

SOLLICITER UN AVIS

Que pensez-vous personnellement de... ?
À votre avis / selon vous / d'après vous... ?
J'aimerais connaître votre avis sur...

À NOTER

En France les futurs mariés déposent souvent une «liste» dans un ou plusieurs magasins sur laquelle ils ont sélectionné des objets qu'ils aimeraient avoir.

La famille et les invités peuvent alors choisir sur place ou par téléphone un cadeau qui correspond à la somme qu'ils peuvent mettre. Si cette formule vous convient demandez-leur où ils ont «déposé une liste».

SE RÉCONCILIER AVEC UNE AMIE

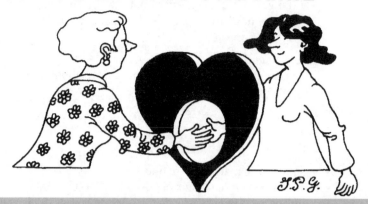

Bordeaux, le 6 novembre 19..

Ma chère Marie,

J'ai retourné plus de 100 fois cette lettre dans ma tête avant de me décider à t'écrire. Je sais que tu m'en veux pour l'incident de l'autre jour au restaurant.

Contrairement à ce que tu crois, je ne voulais pas te mettre dans une situation embarrassante vis-à-vis de tes amis. Si j'ai raconté cette histoire à propos de notre voyage en Grèce, ce n'était pas pour te ridiculiser mais tout simplement pour les faire rire. Tu as pris cela comme une offense personnelle alors que je n'avais aucune intention de te blesser.

Certes, j'ai un peu trop parlé et je n'aurais sans doute pas dû révéler certains faits, mais j'avais beaucoup bu et je ne me rendais pas compte de la force des mots (surtout en français !...). Pardonne-moi. Je ne voulais pas te faire de mal et je suis sincèrement désolé que cet incident t'ait autant affectée.

S'il te plaît, fais-moi signe pour me montrer que tu n'es plus en colère contre moi et que notre amitié, en dépit de tout, reste solide comme un roc.

Je t'embrasse.

Vel

PLAN

Formule d'appel
   affectueuse

Corps de la lettre
   1. Constat de la situation et sentiment de gêne.
   2. Analyse de l'incident qui a provoqué la dispute ou le malaise : causes présumées et causes réelles, selon l'auteur de la lettre.
   3. Concession : reconnaissance d'une part de culpabilité. Excuses et regrets.
   4. Demande d'une réponse et d'un signe de réconciliation.

Formule finale
   affectueuse

MOTS DE LIAISON

contrairement à , certes, mais

VOCABULAIRE

• en vouloir à quelqu'un ➜ avoir de la rancune contre quelqu'un
• une offense ➜ une insulte
• sans doute ➜ probablement
(Attention ! sans aucun doute ➜ certainement)
• faire signe à quelqu'un ➜ ici : téléphone-moi, écris-moi ou viens me voir

SE RÉCONCILIER

Affirmer ses intentions réelles (expression de l'opposition) :

Tu as cru que je ... alors que je...
Tu as pensé que nous... tandis que nous...
Tu pensais que je... au contraire, je...
Vous croyiez que nous... pourtant nous...
Contrairement à ce que tu as cru, je ne...
Bien loin de vouloir... je désirais simplement...
Tu as... or, je ne voulais pas...
Je n'avais aucune / nulle intention de...
Mon but / mon objectif n'était pas de... mais de...

CONCÉDER

Certes je... mais je...
Il se peut que je + subjonctif passé... mais...
S'il est vrai / possible / exact / que + indicatif... cependant...
J'admets que.../ je t'accorde que...

S'excuser et exprimer des regrets :
VOIR «S'EXCUSER» p. 24 ET «REFUSER» p. 46

À NOTER — Une lettre de réconciliation est toujours difficile à rédiger et nécessite un effort d'analyse objective de la situation, de l'honnêteté... et un peu d'humilité (concessions et excuses) !

S'EXCUSER POUR
UN RENDEZ-VOUS MANQUÉ

Paris, le 24 janvier 19..

Cher Yves,

J'ai appris par Catherine que tu étais fâché contre moi à cause du
«lapin» - c'est le mot qu'elle a employé - que je t'ai «posé»
mercredi.

Si je ne suis pas venue c'est tout simplement parce que j'étais
malade : la veille au soir déjà je ne me sentais pas bien et avais
une terrible migraine. Comme cela m'arrive souvent je ne me suis pas
vraiment alarmée. Mais le lendemain, m'étant réveillée avec une forte
fièvre, j'ai dû appeler le médecin. C'était une sorte de grippe,
heureusement sans gravité. Puisque tu n'as pas le téléphone, je n'ai
pas pu te prévenir.

Voilà tout simplement pourquoi il m'a été impossible de me rendre au
rendez-vous et je le regrette d'autant plus que tu sembles avoir mal
interprété mon absence. Je n'ai pourtant pas l'habitude de faire faux
bond à mes amis ! Je suis vraiment désolée de ce contretemps tout à
fait indépendant de ma volonté, crois-moi !

Bref, peux-tu me téléphoner et passer me voir ce week-end ? Je ne
bouge pas de la maison car je suis encore un peu fatiguée.
                                            Bises.

                                                      Joan

PLAN

Formule d'appel
classique, amicale

Corps de la lettre
1. Exposé de la situation à l'origine de la lettre.
2. Explication détaillée des raisons (maladie, impossibilité de
joindre le correspondant).
3. Regrets et excuses.
4. Suggestion d'un autre rendez–vous.

Formule finale
    très amicale et informelle

MOTS DE LIAISON
VOCABULAIRE

mais, voilà pourquoi, bref

- poser un lapin (familier) → ne pas venir à un rendez-vous
- la veille → le jour précédent
- faire faux bond → ne pas venir à un rendez-vous
- indépendant de ma volonté → involontaire
- bises → baisers

S'EXCUSER EN DONNANT DES RAISONS

S'excuser (à éviter absolument : «je m'excuse») :
Je vous prie de (bien vouloir) / veuillez m'excuser de + infinitif
Je vous présente toutes mes excuses pour + nom
Pardonnez-moi
Je suis vraiment désolé(e) / navré(e) } *de + infinitif*
Je te demande pardon } *pour + nom*
Je regrette sincèrement de + infinitif / que + subjonctif

Donner des raisons :
N'employez pas toujours «parce que», vous pouvez aussi utiliser :

Je n'ai pas pu... car / puisque / pour la (simple et) bonne raison que...
[cause]...(«puisque» = cause évidente)
Comme... [cause] ...,je n'ai pas pu... («comme»en tête de phrase)
Étant donné / du fait que... [cause]...,je n'ai pas... [conséquence]...
Je ne l'ai pas fait d'autant plus que... [autre cause supplémentaire]
J'ai eu tellement / tant de travail que je... [conséquence]

Avec un nom : *à cause de / du / de la / des...*

Vous avez aussi la possibilité d'utiliser le participe présent ou passé :
Ayant dû m'absenter...
Ne sachant pas où te joindre } *je n'ai pas pu...*
Débordé(e) de travail

Récapitulation finale de toutes les raisons invoquées :

Voilà donc pourquoi / Voici donc les raisons pour lesquelles / Pour toutes ces raisons...

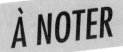

Mieux vaut ne pas vous perdre dans de trop longues explications... mais exposer clairement la raison de votre absence ou de votre négligence et vous excuser avec sincérité (voir aussi l'expression du regret dans «REFUSER» p. 46).

ÉCRIRE UNE LETTRE D'AMOUR

Sydney, le 4 janvier 19..

Mon amour,

Ce soir je me sens envahi d'une grande tristesse et il faut que je t'écrive pour te dire encore combien ton absence me pèse.

On dit «Loin des yeux, loin du cœur!»... Quel mensonge ! Pour moi aucun jour ne se passe sans que je pense à toi. Tes paroles les plus tendres sont à tout jamais gravées dans mon cœur et tous les souvenirs du temps passé avec toi, de notre rencontre à notre séparation, restent intacts dans ma mémoire. Tu me manques horriblement tous les jours, toutes les heures du jour et de la nuit, tout le temps.

Mais ma chérie, nous devons être patients. Même si des milliers de kilomètres nous séparent, chaque minute nous rapproche l'un de l'autre. Courage ! Dans six mois nous nous reverrons, et même, qui sait, peut-être avant... Je travaille très dur pour avoir ce diplôme qui me permettra de trouver un emploi. Je serai alors libre et nous pourrons vivre ensemble, dans mon pays ou en France qu'importe, pourvu que nous soyons ensemble. Je ne vis que pour ce moment où je pourrai à nouveau te serrer dans mes bras.

Écris-moi, écris-moi ! Chacune de tes lettres me procure une joie indicible, même si elles mettent trop de temps à arriver de sorte que je ne sais jamais ce que tu fais, ce que tu penses,ce que tu sens au moment où je les lis.

Je t'embrasse comme je t'aime, c'est-à-dire comme un fou.

Mel

PLAN

Formule d'appel
> très tendre

Corps de la lettre
> 1. Motif de la lettre : expression des sentiments (douleur de la séparation).
> 2. Développement de l'expression des sentiments, évocation des souvenirs.
> 3. Projets d'avenir.
> 4. Demande de lettres et expression des sentiments suscités par la correspondance.

Formule finale
> tendre et passionnée avec déclaration d'amour

VOCABULAIRE

- «loin des yeux, loin du cœur» ➔ dicton populaire signifiant qu'on oublie ceux qui sont loin
- gravées ➔ inscrites
- tu me manques ➔ ton absence provoque chez moi un sentiment de nostalgie
- indicible ➔ qu'on ne peut exprimer ou décrire

À noter : l'accord avec le nom de «tout», adjectif indéfini : *tout le temps, tous les jours, toute la vie, toutes les heures.*

EXPRIMER SON AMOUR

Les formules pour désigner l'être aimé sont inépuisables et laissées à l'imagination de chacun, les plus classiques étant :
mon/ma chéri(e) / mon amour / mon adoré(e) / mon cœur / mon ange / mon / ma bien-aimé(e), ma vie…

De même **les déclarations** :
je suis amoureux (fou) de toi / follement amoureuse de toi, je t'aime, je t'adore, je suis fou / folle de toi, je suis dingue de toi (très familier), etc.

Les serments éternels peuvent se terminer par :
à (tout) jamais, pour toute la vie, pour l'éternité, jusqu'à la mort, jusqu'à la fin des temps…

On peut ajouter au verbe «aimer» :
passionnément, à la folie, à en mourir.

Pour décrire la beauté de l'être aimé :
tu es belle (comme le jour)/ beau (comme un dieu), superbe, ravissante (pour une femme seulement), *adorable, magnifique, splendide, sublime, très sexy, parfaite…*

À NOTER

Quoi de plus personnel et de plus spontané qu'une lettre d'amour !
Il n'existe aucun modèle en la matière même si certains écrivains ont su mieux que d'autres chanter l'amour. Tout est permis…mais sachez aussi garder des mots tendres à dire de vive voix !

FÉLICITER À L'OCCASION D'UNE NAISSANCE

Villeneuve Loubet, le 28 octobre 19..

Ma chère Brigitte, mon cher Jean,

Que je suis touchée d'apprendre la naissance de votre petite Aurélie et comme c'est gentil de me faire partager votre bonheur en cette occasion !

J'imagine que les deux aînés doivent être très fiers d'avoir une petite soeur et que vous êtes comblés de joie. Profitez bien de ces cadeaux que vous offre la vie. J'ai hâte de voir la famille au complet... peut-être aux vacances de Noël. En attendant, je vous envoie aujourd'hui même un petit cadeau qui, je l'espère, ira au bébé et plaira à la maman.

Tous mes voeux de bienvenue dans ce monde à la petite Aurélie et encore toutes mes félicitations aux heureux parents.

Je vous embrasse très affectueusement.

Katia

TÉLÉGRAMME N° 698

M ET MME KESSLER 9 RUE CHARLES DE GAULLE 14000 CAEN

FÉLICITATIONS AUX NOUVEAUX PARENTS POUR CET HEUREUX ÉVÉNEMENT JEAN

PLAN

Formule d'appel
   double, affectueuse

Corps de la lettre
   1. Motif de la lettre et expression de reconnaissance et de joie.

2. Allusion aux autres membres de la famille, conseil, anticipation d'une rencontre prochaine.

Annonce de l'envoi d'un cadeau.

3. Vœux et félicitations.

Formule finale
affectueuse

MOTS DE LIAISON en attendant

VOCABULAIRE

• les deux aînés ➜ les deux plus grands ; l'aîné(e) d'une famille est l'enfant le plus âgé
• comblés (de joie) ➜ vraiment très heureux
• la famille au (grand) complet ➜ la famille tout entière

FÉLICITER

Pour une naissance (partage de la joie et vœux)

Quelle joie d'apprendre la naissance de…
Nous partageons votre joie à l'occasion de la naissance de…
Vous devinez ma/notre joie à l'annonce de la naissance de…
Nous souhaitons une longue vie de bonheur à la petite / au petit…
[prénom de l'enfant]… et à ses parents.
Bienvenue à… [prénom]… et toutes nos félicitations aux heureux parents dont nous partageons la joie.
Ravi de l'heureuse nouvelle, j'adresse aux heureux parents mes plus sincères félicitations et souhaite une longue et belle vie à leur petit(e)… [prénom]…

Pour un mariage (cartes de visite)

M. et Mme X adressent aux jeunes mariés tous leurs vœux de bonheur.
M. Y souhaite aux jeunes époux tout le bonheur du monde et une longue vie ensemble.

Pour une réussite professionnelle

J'ai été très heureux d'apprendre… et je voudrais vous en féliciter bien sincèrement.
Recevez mes plus vives félicitations à l'annonce de votre nomination au poste de…

Pour un examen

Tous mes compliments et mes félicitations pour ta réussite…
Bravo pour ton succès à l'examen de…

À NOTER

S'il s'agit d'une simple relation une carte de visite suffit. En revanche, des moments privilégiés de la vie tels qu'une naissance ou un mariage sont une occasion de resserrer les liens familiaux et amicaux par une lettre plus personnalisée.

HÉSITER À S'ENGAGER DANS UNE RELATION

Besançon, le 18 mars 19..

Mon cher Antoine,

Notre conversation téléphonique de ce soir m'a troublée et tu as dû me trouver bien silencieuse. Je n'étais pas sûre de comprendre ce que tu voulais me dire confusément. Il me semble que tu voudrais que nous nous voyions plus souvent - du moins c'est ce que j'ai cru saisir -, que notre amitié se transforme en relation amoureuse.

Je ne crois pas que tu aies compris, comme je te l'ai déjà expliqué, qu'en ce moment je passe par une période difficile. Depuis quelques mois en effet, mon pays et ma famille me manquent terriblement et je suis partagée entre le désir de rester en France pour continuer mes études et celui de retourner au Portugal. D'autre part, j'hésite à quitter mes amis et un style de vie qui me convient. Tous ces sentiments qui me torturent sont peut-être dus au fait que j'ai obtenu d'assez mauvais résultats à la fac ces derniers temps et je doute d'obtenir mon diplôme à la fin de l'année. Quoi qu'il en soit j'ai besoin de solitude pour pouvoir y voir clair.

Tu sais bien que s'il y a une personne à qui je tiens particulièrement c'est bien toi. Depuis que nous nous connaissons notre entente a toujours été merveilleuse. Cependant je me demande si je suis prête à répondre à tes sentiments, ne sachant pas moi-même où j'en suis. Tout ce que je sais c'est qu'ils ne me laissent pas indifférente, loin de là !

En attendant, continuons à nous voir comme des amis que, quoi qu'il arrive, nous resterons.

Je t'embrasse bien amicalement.

Amélia

PLAN

Formule d'appel
   affectueuse

Corps de la lettre
   1. Motif de la lettre : conversation téléphonique troublante ;
   résumé de la situation.
   2. Cause de l'hésitation : description des problèmes qui se posent à
   l'auteur de la lettre.
   3. Expression des sentiments à l'égard du destinataire.
   4. Conclusion : désir de maintenir des relations amicales.

MOTS DE LIAISON

Formule finale
   simple et affectueuse

VOCABULAIRE

d'autre part, quoi qu'il en soit, cependant

• dû / dus ➜ participe passé de «devoir» ; au masculin singulier il a un accent circonflexe pour le distinguer du partitif «du» ; au féminin et au pluriel l'accent disparaît.
• ma famille et mon pays me manquent ➜ j'ai la nostalgie de mon pays et de ma famille
• la fac ➜ la faculté ➜ l'université (cf. p. 109)
• quoi qu'il en soit ➜ de toute façon
• tenir à quelqu'un / à quelque chose ➜ être attaché à
• y voir clair ➜ avoir un jugement correct de la situation
• je ne sais pas où j'en suis ➜ je suis un peu perdue, désorientée
• loin de là ! ➜ pas du tout !, au contraire !

HÉSITER

Je ne suis pas sûr(e)	*que* + subjonctif
Je ne suis pas certain(e)	ou
Je ne crois pas	*de* + infinitif
Je ne pense pas	(«je» est sujet de l'infinitif)

Je doute que + subjonctif
Il se peut que + subjonctif
J'hésite à + infinitif
Je me demande si… + indicatif
…peut-être… («peut-être» placé en tête de phrase est suivi de l'inversion sujet-verbe. Ex : *Peut-être faut-il…*)
Tu as dû me trouver… ➜ *Tu m'as peut-être trouvée…*
C'est du moins ce que j'ai cru comprendre. ➜ *J'ai compris cela mais je ne suis pas sûre que ce soit juste.*
On peut aussi utiliser le conditionnel : ex : *Je pourrais… mais…*

À NOTER

Si on hésite, c'est que la situation dans laquelle on se trouve est très délicate. Il faut donc tout particulièrement essayer de cerner le problème, être sincère et peser ses mots.

INVITER DES AMIS À UNE FÊTE

Angers, le 10 juin 19..

Chers vous deux,

Pour célébrer la fin de l'année universitaire, l'association des étudiants étrangers, dont je suis le secrétaire, a décidé d'organiser une grande fête le samedi 30 juin. Chaque membre peut inviter 4 ou 5 amis. J'ai aussitôt pensé à vous. Ce serait une bonne occasion de passer un week-end ensemble. Qu'en pensez-vous?

La fête aura lieu dans des locaux gracieusement prêtés par l'université et débutera vers 18 heures. On dansera jusqu'au petit jour. Vous pourriez ainsi partir de chez vous dans la matinée pour arriver tranquillement dans l'après-midi. Pas de problème pour vous héberger: je vous laisse mon studio.

Ci-joint un plan pour ne pas vous perdre. Donnez-moi vite votre réponse, positive j'espère. Nous pensons avoir environ 150 invités de toutes les nationalités. Une vraie tour de Babel ! Ce sera super !

Je compte sur vous. À très bientôt !

Bien amicalement.

Lasse

Venez à la Maison!
... dans les costumes
les plus fous !

Pour fêter le Carnaval
Le 9 Mars
Heure à partir de 20 H
Adresse 20 rue du Baou
Blanc à Nice
De la part de Claude et Jean Pierre
RSVP

PLAN **Formule d'appel**
 informelle et amicale

Corps de la lettre
 1. Invitation : motif de la fête, date et raisons de l'invitation.

2. Précisions sur le lieu, la date et le déroulement de la soirée et l'organisation matérielle.

3. Pièce jointe : plan d'orientation. Espoir d'une réponse positive et anticipation du succès de la fête.

4. Bref rappel de l'attente d'une réponse positive et de nouveau anticipation du succès attendu.

Formule finale

brève et amicale

VOCABULAIRE

• gracieusement → gratuitement
• au petit jour → très tôt le matin
• la tour de Babel → lieu cosmopolite où on entend parler toutes les langues (référence biblique)
• tenue de soirée → en général robes longues pour les femmes et smoking pour les hommes ; tenue de ville → costume et robes courtes

INVITER

Événement à l'origine de l'invitation

En l'honneur de... nous...
À l'occasion de notre anniversaire de mariage nous...
Pour fêter... nous...

Invitation

Nous vous invitons à venir passer le week-end...
Vous êtes cordiablement invités à fêter l'anniversaire de...
Pourrais-tu venir dîner le...
Nous aurons le plaisir de vous recevoir à l'occasion de...
Nous serions heureux si vous pouviez venir... si vous pouviez être des nôtres...
Seriez-vous libre le... pour venir dîner à la maison ?

Plus formel

Nous feriez-vous le plaisir de vous joindre pour...
Vous êtes cordialement conviés à...

Demande de réponse

Dans l'espoir d'une réponse affirmative,...
Nous comptons sur votre présence et ...

À NOTER

Les moyens de lancer une invitation sont variés selon l'importance de l'événement, le mombre d'invités et le type d'invitation : simple coup de téléphone ou mot sur une carte de visite (ex : dîner entre amis), lettre (ex : invitation pour un week-end), carte achetée dans une papeterie (ex : invitation pour un anniversaire ou une petite fête), ou carton d'invitation imprimé spécialement pour l'occasion (ex : invitation pour des fiançailles). L'essentiel est de ne pas oublier de mentionner la date et l'heure ainsi que vos coordonnées (nom, adresse, numéro de téléphone) et éventuellement préciser l'événement à l'origine de l'invitation, ce qui pourra aider l'invité à trouver un cadeau approprié. Enfin, sachez qu'en France on ne se rend pas à une invitation à l'heure ponctuelle (excepté pour un dîner) mais avec une demi-heure de retard environ...

PRÉSENTER SES CONDOLÉANCES

La Baule, le 7 décembre 19..

Ma chère Solange,

Nous avons été terriblement bouleversés d'apprendre, par votre faire-part, le décès accidentel de votre jeune sœur et nous voudrions vous dire combien nous nous associons de tout cœur à votre douleur.

Que le témoignage de notre fidèle amitié contribue à vous donner le courage de surmonter cette tragique épreuve. Nous ne pourrons malheureusement pas assister aux obsèques, mais sachez que nous serons près de vous par la pensée et que nos prières vous accompagneront.

En présentant nos très sincères condoléances, à vous et à tous les membres de votre famille, nous vous embrassons affectueusement.

Claudia

MADAME GAUTIER

très touchée par les marques de sympathie que vous lui avez témoignées lors du décès de son mari, vous prie d'accepter ses remerciements émus —

M. et Mme Jean Maysoulier

profondément attristés par le deuil qui vous frappe si cruellement vous adressent leurs sincères condoléances.

Mas du Claret, Parc Bel Respira
06140 Vence

Tél. 93 58 15 22

34

PLAN

Formule d'appel
> affectueuse

Corps de la lettre
> 1. Réaction à l'annonce du décès et première marque de sympathie.
> 2. Impossibilité d'assister aux obsèques et mots de réconfort.

Conclusion et formule finale
> présentation des condoléances et marque d'affection

VOCABULAIRE

• un faire-part ➜ une carte imprimée annonçant un événement familial (mort, naissance, fiançailles, mariage)
• le décès ➜ la mort (mot à éviter ; on peut dire aussi «la disparition»)
• les obsèques ➜ l'enterrement
• sachez ➜ impératif du verbe «savoir»

PARTAGER LA PEINE DE QUELQU'UN

Réaction à l'annonce d'un décès
C'est avec une profonde émotion que nous avons appris le malheur qui vous frappe.
L'annonce de la disparition de…m'a profondément bouleversé(e).

Expression des sentiments
Nous prenons part à votre chagrin…
Je partage ta peine…
Je m'associe de tout cœur au chagrin qui vous frappe…
Nous sommes de tout cœur avec vous dans cette dure épreuve…
Dans des circonstances aussi douloureuses, nous voulons vous assurer de notre profonde/fidèle amitié…
Que l'assurance de notre amitié et que tous ceux qui vous entourent vous aident à surmonter cette tragique épreuve…

Présentation des condoléances
Nous vous présentons nos (très) sincères condoléances.
Croyez,…, à ma profonde sympathie.

Si vous ne pouvez pas assister aux obsèques
Notre pensée sera près de vous en ce jour de deuil…
Je serai avec vous par la pensée.

À NOTER

Il est également possible de faire allusion aux qualités du disparu, aux liens qui vous unissaient à lui, à des souvenirs ou au vide que laissera son absence. Enfin, si vous partagez la même foi religieuse que votre correspondant, vous pouvez aussi évoquer les réconforts de la religion. Courte ou longue, une lettre de condoléances doit avant tout venir du cœur.

ÉCRIRE À UNE AMIE HOSPITALISÉE

Tours, le 3 octobre 19..

Ma chère Danièle,

J'ai été vraiment désolé d'apprendre par Luella que tu as été hospitalisée à la suite d'une rechute d'hépatite virale. La dernière fois que je t'ai vue à Paris tu avais si mauvaise mine que cela m'avait un peu inquiété... À présent j'espère qu'on te soigne bien et que tu reprends déjà des forces.

Malheureusement je ne peux venir te rendre visite maintenant, mais je te promets d'aller te voir bientôt. Mon exposition de peintures à la Galerie Padinsky a lieu dans un mois et je monterai alors à Paris. J'espère que tu seras alors tout à fait rétablie pour que nous puissions aller dîner ensemble au restaurant chinois.

Je joins la plaquette et le catalogue de l'exposition pour te distraire et que tu me donnes ton avis. À ta sortie de l'hôpital surtout repose-toi et continue sagement ton traitement et ton régime. Guéris vite !

Je t'embrasse très affectueusement.

Igor

PLAN

Formule d'appel
affectueuse

Corps de la lettre
1. Source d'information (une amie), référence à la dernière rencontre (marque de sollicitude) et vœux de guérison.
2. Regret de ne pouvoir se rendre à l'hôpital et projet de rencontre prochaine, 2e souhait de rétablissement avec invitation.
3. Envoi de documents, conseils, souhait de guérison.

Formule finale
affectueuse

MOTS DE LIAISON à présent, malheureusement

VOCABULAIRE

- une rechute ➜ une nouvelle attaque d'une maladie qui semblait guérie
- avoir mauvaise mine ➜ avoir un teint de malade
- une plaquette ➜ une brochure

PRÉSENTER SES VŒUX

Vœux de convalescence

J'espère que tu vas
- aller mieux.
- vite te remettre/recouvrer la santé.
- reprendre des forces.

J'espère que ton état de santé va s'améliorer rapidement.
Guéris-vite !
Rétablis-toi vite !

Je te souhaite
- un prompt rétablissement.
- une meilleure santé.

Je souhaite
- que tu ailles mieux.
- que tu guérisses vite.

Plus formel :
Je vous adresse mes vœux de prompt rétablissement.
(Je vous adresse) tous mes vœux de meilleure santé.

Vœux à l'occasion d'un mariage
Nous adressons aux jeunes mariés tous nos vœux de bonheur.

Vœux pour Noël, le nouvel an ou un anniversaire
On utilise le plus souvent des cartes achetées dans les papeteries ou librairies qu'on personnalise avec un mot amical.

 **À NOTER**

Pour les vœux de convalescence, si vous ne connaissez pas les causes de la maladie, ou si elle est très grave, contentez-vous de transmettre à votre correspondant le témoignage de votre fidèle amitié. Pour les vœux de «bonne année», en France on peut les envoyer tout le mois de janvier.

ANNONCER À UNE AMIE
UN PROJET DE SÉJOUR EN FRANCE

Oslo, le 15 avril 19..

Ma chère Liliane,

L'été approche et même si les jours rallongent trop lentement ici, nous rêvons déjà de partir au soleil. Nos vacances de l'année dernière nous ont laissé un si bon souvenir que nous nous sommes décidés à renouveler l'expérience. Nous pensons donc prendre deux semaines et souhaitons tout simplement louer de nouveau cet appartement que tu nous avais trouvé à Antibes. J'ai écrit à l'agence et attends la réponse.

Nous projetons de faire ce voyage entre le 15 juillet et le 10 août - tout dépend si l'appartement est libre à ces dates. Pourrais-tu me dire si tu seras à Antibes à cette période car nous comptons bien te voir.

Cette fois nous envisageons de venir en voiture même si c'est un long voyage. En effet, nous aimerions connaître un peu mieux la France et avons l'intention de faire quelques étapes : une à Paris et une autre en Bourgogne. Jon compte acheter quelques bouteilles de bon vin pour agrandir sa cave!

Les enfants se réjouissent à l'idée de retrouver la plage et espèrent pouvoir revoir leurs petits copains de l'année dernière. Quant à moi je suis déterminée à faire des progrès en français !

Que penses-tu de ce projet? Pour ma part, j'ai hâte de te voir et de me dorer au soleil de la Méditerranée après l'hiver sombre et glacial que nous avons eu.

En espérant avoir vite de tes nouvelles, je t'embrasse bien affectueusement.

Grete

PLAN

Formule d'appel
affectueuse

Corps de la lettre
1. Annonce du projet et motif de la décision. Lieu et durée du séjour. Référence à l'envoi d'une autre lettre.
2. Explications plus détaillées du projet (lieu, dates) et marque d'intérêt pour le correspondant (présence souhaitée).
3. Complément d'informations pratiques.
4. Espoirs suscités par le projet, but.
5. Marque d'intérêt pour le correspondant et sa réaction à l'annonce du projet.

Formule finale
demande de réponse rapide et formule affectueuse

MOTS DE LIAISON **donc, en effet, quant à**

VOCABULAIRE
- rallonger ➜ devenir de plus en plus long
- renouveler l'expérience ➜ faire de nouveau l'expérience
- compter (+ infinitif) ➜ avoir l'intention de

EXPLIQUER UN PROJET

Nous avons envie de / voulons / souhaitons / désirons / aimerions / voudrions / souhaiterions / désirerions…
Nous avons l'intention / le projet de…
Nous pensons + infinitif
Nous projetons de…
Nous envisageons de / nous songeons à / nous rêvons de / nous espérons… (moins certain)
Nous comptons bien… / nous sommes décidés à / résolus à / déterminés à … (beaucoup plus certain)

Attention aux temps utilisés :

Projet certain et très proche : futur proche
Ex : *Je vais réserver les billets demain.*
Projet certain mais plus éloigné : futur simple
Ex : *Nous partirons le 5 avril au matin.*
Projet plus incertain : conditionnel présent
Ex : *Nous pourrions prendre le train pour Bruxelles, puis…*

N'écrivez que lorsque vous êtes pratiquement sûr de votre projet pour éviter de donner de fausses joies…mais pas non plus à la dernière minute. Vous pouvez aussi demander à votre correspondant quelles spécialités de votre pays lui feraient plaisir.

ÉCRIRE À UN MAGAZINE POUR CONTESTER UN ARTICLE

M. Umberto Parazzi   À l'attention de
20040 Burago Molgora (Mi)   Monsieur Yves Legras
Via Galileo Galilei 18   Dimanche Magazine
Italia
                                            Le 18 janvier 19..

Monsieur,

Votre article paru dans le numéro de ce mois intitulé «L'Italie d'aujourd'hui» a retenu mon attention. Permettez-moi de vous dire que votre longue tirade mensongère sur la cuisine italienne m'a exaspéré.

Vous écrivez: «La cuisine italienne se résume à l'incontournable pasta qui vous colle à l'estomac comme un cataplasme et arrondit prématurément les silhouettes des femmes». Tout d'abord, comment osez-vous traiter avec un tel mépris un plat national que le monde entier a adopté, même si les étrangers ne parviennent pas à restituer la subtilité des cuissons et l'extraordinaire variété de sauces qui en font son charme et sa saveur!

Par ailleurs, je trouve votre remarque sur les femmes italiennes fort désobligeante, voire insultante, et erronée : les pâtes ne font pas grossir, monsieur. Ceci a été prouvé scientifiquement. De plus, ce n'est pas la première fois que certains de vos articles me choquent car vous vous contentez souvent de clichés trop faciles et je déplore le fait que vous transmettiez des idées fausses à des milliers de lecteurs crédules.

Enfin, si vous venez en Italie, passez me voir. Je me charge de vous faire changer d'avis en vous préparant un plat de pasta inoubliable!

Sans rancune,

                                            Umberto Parazzi

PLAN

Formule d'appel
> neutre

Corps de la lettre
> 1. Motif de la lettre : référence à l'article critiqué et impression qu'il a produit sur l'auteur de la lettre (premier jugement).

2. Citation du passage contesté et protestation. Indignation et constestation de la véracité des faits cités dans l'article.
3. Généralisation de la critique.
4. Invitation pour renforcer le bien-fondé de la critique.

Formule finale
informelle et inattendue

MOTS DE LIAISON

tout d'abord , par ailleurs, de plus, enfin

VOCABULAIRE

• mensongère ➜ contraire à la vérité
• incontournable ➜ qu'on ne peut pas éviter
• un cataplasme ➜ préparation médicinale pâteuse qu'on applique entre deux linges sur une partie du corps
• fort désobligeante ➜ très désagréable
• voire ➜ et même
• erronée ➜ fausse
• déplorer ➜ regretter

PROTESTER

Exprimer ses sentiments

Votre... m'a irrité(e) +, choqué(e) ++, exaspéré(e) ++, indigné(e) +++, révolté(e)++++, m'a mis(e) hors de moi ++++.

Exprimer son désaccord

Je ne suis (absolument) pas d'accord avec...
Je désapprouve +, je conteste +, je m'élève contre +,je déplore (le fait que) + subjonctif +, je dénonce ++, je réprouve ++, je m'insurge (contre)+++, je condamne + nom ou le fait que+ subjonctif +++
Je refuse (de), je m'oppose à + nom ou à ce que+ subjonctif
J'émets des objections contre...

Juger l'action de l'autre

Il est regrettable, déplorable, inadmissible, révoltant, inqualifiable, impardonnable, intolérable que + subjonctif
Quelle honte ! Quelle audace !
Quel toupet ! Quel culot ! (familier)
Comment osez-vous...
Vous ne manquez pas d'audace !
Je ne comprends pas que + subjonctif
(Vraiment) vous exagérez / vous allez trop loin...

À NOTER   Attention à la force des mots ! Restez correct.

RASSURER SUR SON ÉTAT DE SANTÉ

Paris, le 8 juillet 19..

Bonjour !

Depuis trois jours j'ai enfin le droit de recevoir des visites car avant j'étais encore dans le service des soins intensifs. Claude est donc venu me voir tous les jours, les bras chargés de fleurs et de cadeaux. Que c'est agréable d'être de nouveau tendrement entourée ! Il m'a dit que tu avais appelé plusieurs fois à la maison et que tu t'inquiétais beaucoup de mon état de santé.

Certes, j'ai causé des peurs à tout le monde mais, rassure-toi, maintenant le pire est passé. J'ai eu une double pneumonie aggravée d'une péricardite (inflammation de la paroi du coeur). J'ai passé des moments très pénibles. Heureusement je suis à présent tirée d'affaire. N'aie pas peur, je suis dans de bonnes mains car cet hôpital a une excellente réputation. Je suis néanmoins dans un état de très grande fatigue mais il n'y a pas de quoi s'alarmer: c'est la conséquence logique de tout ce qui m'est arrivé.

Pour notre projet de séjour dans ta maison d'Arcachon ce n'est que partie remise. J'y viendrai pour ma convalescence tout simplement. Et puis ce n'est pas grave puisque de toute façon nous nous verrons dans 15 jours si tu montes à Paris.

Mes parents se sont fait aussi beaucoup de soucis. Ils étaient prêts à faire le voyage pour venir me voir mais, Dieu merci, Claude a réussi à les dissuader d'entreprendre un voyage aussi fatigant (ils sont très âgés).

Ma chère Aude, j'espère que ta thèse de doctorat progresse bien. Je sais que tu es constamment en déplacement et que tu travailles dur. Téléphone à la maison dès que tu arriveras à Paris et entre-temps tu peux me joindre au 47 02 18 21 chambre 14.

Grosses bises.

Petra

PLAN

Formule d'appel
informelle

Corps de la lettre
1. Premières nouvelles rassurantes. Référence à l'appel téléphonique du destinataire.
2. Historique et description de la maladie. État de santé actuel.
3. Changement de projets.
4. Réactions de l'entourage à l'annonce de la maladie.
5. Reprise de la formule d'appel (signe affectueux) et marque d'intérêt pour les activités du correspondant. Désir de rester en contact.

Formule finale
brève, affectueuse et informelle

MOTS DE LIAISON

donc, certes, heureusement, néanmoins, et puis

VOCABULAIRE

• être tiré(e) d'affaire ➜ être hors de danger
• je suis dans de bonnes mains ➜ on s'occupe bien de moi
• ce n'est que partie remise ➜ le projet est seulement reporté à plus tard (mais il aura bien lieu)
• se faire des soucis ➜ (familier) s'inquiéter
• constamment ➜ tout le temps

RASSURER

Rassure-toi! / Sois rassuré(e) !
Ne t'inquiète pas / Ne sois pas inquiet (inquiète) (de)…
Ne te préoccupe pas (de)…
N'aie pas peur! Ne t'alarme pas !
Ne crains rien / Il n'y a rien à craindre (de)…
Ne t'en fais pas / Ne t'affole pas / Ne panique pas ! (plus familier)
Ne te fais pas tant de soucis !
Il n'y a pas de quoi s'alarmer…
Que cela ne te tourmente pas !
Ce n'est pas grave (si …) / Ce n'est pas si grave que cela (si…)

DONNER DES NOUVELLES DE SA SANTÉ

Je me rétablis / je me remets de mon opération.
Je vais beaucoup mieux.
Je suis presque guéri(e).
Je récupère petit à petit.
Je reprends des forces.
Je suis presque sorti(e) d'affaires. (familier)

À NOTER   Pour rassurer, plutôt que minimiser, il faut avant tout informer de manière concise et claire. N'oubliez pas de prendre des nouvelles de votre correspondant et de le remercier de sa sollicitude.

RÉCLAMER À UN AMI L'ARGENT QU'ON LUI A PRÊTÉ

Toulouse, le 16 novembre 19..

Cher François,

Je préfère t'écrire plutôt que te téléphoner car ce que j'ai à te demander est un peu délicat.

Te rappelles-tu qu'il y a environ six mois je t'ai prêté 5 000 F parce que tu étais à court d'argent et je l'ai fait avec plaisir pensant qu'il est tout à fait normal de s'entraider dans des moments difficiles.

Or, c'est à mon tour d'avoir des problèmes financiers. En effet, j'ai dû changer de voiture. Ma vieille 2 CV tombait régulièrement en panne et je dépensais une fortune à la faire réparer. J'ai donc trouvé une R5 d'occasion et j'ai revendu ma voiture à Patrick qui est bien meilleur bricoleur que moi.

Bref, à cause de cette dépense imprévue je suis momentanément en difficulté. C'est pourquoi cela m'arrangerait bien si tu pouvais me rembourser maintenant ces 5000F, à condition toutefois que cela ne te pose pas de problème. Tu sais qu'entre nous on ne se gêne pas. Au cas où tu ne pourrais pas tout me rembourser maintenant, envoie-moi déjà ce que tu peux.

Merci d'avance et à bientôt !

Amitiés.

Karim

PLAN

Formule d'appel
simple et cordiale

Corps de la lettre
1. Phrase d'introduction annonçant que l'objet de la lettre est délicat (préparation psychologique du correspondant).

2. Rappel du prêt d'argent : date approximative, montant, circonstances et rappel de l'amitié qui unit les deux correspondants.
3. Exposé des difficultés financières du prêteur et raisons.
4. Demande de remboursement avec des options de paiement (remboursement total ou partiel).
5. Brève conclusion : remerciement et espoir d'une rencontre prochaine.

Formule finale
brève et amicale

MOTS DE LIAISON
or, en effet, donc, bref, c'est pourquoi

VOCABULAIRE
- être à court d'argent → manquer d'argent / ne pas avoir assez d'argent
- 2 CV → 2 chevaux, voiture française de la marque Citroën
- R 5 → Renault 5, voiture française de la marque Renault
- cela m'arrangerait bien → cela me rendrait service, cela me conviendrait

RÉCLAMER DE L'ARGENT À UN AMI

Justifier sa demande
En ce moment je suis (à mon tour) à court d'argent / un peu gêné / j'ai des problèmes financiers / je suis dans une situation financière délicate / je suis dans une passe difficile (plus familier) / mes affaires vont mal / les temps sont difficiles / j'ai dû faire face à des dépenses imprévues etc. ou raison plus précise.

Formuler sa demande
Si tu peux, envoie-moi les…que je t'ai prêtés.
J'aurais (grand) besoin de la somme que tu m'as empruntée.
Si tu pouvais me rembourser maintenant, cela m'arrangerait bien.

Si on emprunte
Pourrais-tu me dépanner en me prêtant… [somme]…
Atténuer sa demande :
Si cela ne te gêne pas ….
À condition que / pourvu que cela ne te mette pas en difficulté.
… sauf si cela te pose un grand problème.
… à moins que tu sois toujours en difficulté.
… quitte à me régler en plusieurs fois. (= même si tu dois…)
Au cas où tu ne pourrais pas, dis-le moi et ….

 **À NOTER** Prêter de l'argent à un(e) ami(e) proche est toujours plus facile que le réclamer. Agissez avec simplicité et tact et rappelez-vous que «les bons comptes font les bons amis». S'il s'agit d'une simple relation, vous aurez pris préalablement la précaution de faire rédiger une reconnaissance de dette (cf. p. 98) qui est la seule preuve en cas de contestation ou d'oubli.

REFUSER UNE INVITATION À UNE RÉUNION DE FAMILLE

Québec, le 20 avril 19..

Chers parents et amis,

Merci tout d'abord de votre invitation à cette réunion de famille exceptionnelle à laquelle vous nous conviez le 3 juillet, mais nous ne pourrons malheureusement pas y assister.

En effet, nous nous sommes déjà engagés à recevoir une amie française d'Emmanuelle pendant tout le mois de juillet et il nous est impossible à présent de modifier ce projet d'autant plus qu'il a déjà été reporté à deux reprises. Croyez bien que nous en sommes désolés: nous aurions tant aimé revoir tous nos oncles, tantes, cousins et cousines d'outre-Atlantique et faire connaissance avec ceux que nous ne connaissons pas.

Le travail que vous avez accompli en reconstituant l'arbre généalogique de notre grande famille éparpillée entre deux continents, et l'organisation de cette rencontre familiale franco-canadienne, nous laisse admiratifs. Ce sera certainement une fête inoubliable! Transmettez notre amitié à tous ceux qui seront présents et dites-leur encore notre vif regret de ne pas être parmi eux ce jour-là. Du reste, si vous décidez de renouveler l'expérience, nous ferons tout notre possible pour venir la prochaine fois.

Nous vous adressons notre très affectueux souvenir.

Pierre et Myriam

PLAN

Formule d'appel

collective et cordiale

Corps de la lettre

1. Accusé de réception de l'invitation (rappel de la date) et regret de devoir la refuser.
2. Raisons du refus et regrets.

3. Sentiments suscités par l'initiative de cette invitation. Expression de l'amitié et du regret envers la famille et les autres invités. Espoir d'une autre occasion de rencontre.

Formule finale :
affectueuse

MOTS DE LIAISON

mais malheureusement, en effet, du reste

VOCABULAIRE

- convier ➜ inviter
- à deux reprises ➜ deux fois
- arbre généalogique ➜ dessin en forme d'arbre dont les branches montrent la filiation des différents membres de la famille (parents, grands-parents, arrière-grands-parents, etc.)

REFUSER

Refuser une invitation (contre sa volonté)
Il m'est (vraiment) impossible de…
Nous ne pouvons (absolument) pas…/ Nous sommes obligés de…
Nous nous voyons contraints de décliner votre invitation car…
Je suis dans l'impossibilité de…

Ce refus s'accompagne souvent de regrets
Je suis désolé(e)/ navré(e)
Je regrette vivement } *de* + infinitif
Je suis au regret ou *que* + subjonctif

Malheureusement, nous ne pouvons pas…
J'aurais tant aimé / voulu…mais…
C'est bien contre mon gré / à contre cœur que je dois refuser…
Il est (bien) regrettable / dommage de + infinitif / *que* + subjonctif
À notre grand regret, nous…

Refuser une autre proposition (volontairement)
Je n'accepte pas
Je refuse } *de* + infinitif ou *que* + subjonctif

Je ne tiens pas
Je ne suis pas disposé } *à* + infinitif ou *à ce que* + subjonctif
Je m'oppose

Il n'est pas question de + infinitif / *que* + subjonctif

> ## À NOTER
>
> Évitez de vous attarder trop sur les raisons de votre refus, mais insistez plutôt sur votre regret de devoir refuser. Pour une invitation mondaine vous pouvez simplement écrire un mot sur une carte de visite (par exemple : «M. et Mme X vous remercient de votre aimable invitation à laquelle ils ont le regret de ne pouvoir se rendre, ayant déjà pris d'autres engagements pour ce jour-là»).

REMERCIEMENTS POUR UN SÉJOUR EN FRANCE

Glasgow, le 3 septembre 19..

Chère Madame,
Cher Monsieur,

Je voudrais sans tarder vous remercier vivement du séjour que j'ai passé chez vous, de votre chaleureux accueil et de votre gentillesse.

Ce fut pour moi une expérience inoubliable de découvrir pour la première fois un pays étranger, une autre manière de vivre, une autre langue. Je n'oublierai jamais tous les bons moments que j'ai passés en votre compagnie, nos sorties, nos excursions et votre patience pour corriger mes fautes de français!

Dites aussi à vos amis, monsieur et madame Dorléans, que je garde un merveilleux souvenir de la partie de pêche que nous avons faite avec eux. Je vous enverrai des photos, si elles sont bonnes, dès qu'elles seront développées.

Il me reste encore quelques jours de vacances avant de reprendre mes cours à l'université et je me sens pleine de courage pour aborder cette nouvelle année.

En espérant avoir à mon tour l'occasion de vous faire visiter mon pays, je vous remercie encore pour tout et vous embrasse bien affectueusement.

Linda

PLAN

Formule d'appel
double, respectueuse

Corps de la lettre
1. Premiers remerciements.
2. Impressions et souvenirs laissés par le séjour.

48

3. Remerciements aux amis des hôtes qui l'ont invitée, allusion à un souvenir particulier et promesse d'envoi de photos.

4. Projets personnels.

Conclusion et formule finale

Invitation, réitération des remerciements et formule affectueuse.

VOCABULAIRE

• sans tarder ➜ sans attendre
• inoubliable ➜ qu'on ne peut pas oublier
• aborder ➜ ici, commencer

REMERCIER

A noter : le verbe «remercier» se construit généralement avec «de», mais si l'objet de remerciement est concret, on peut employer «pour».

Je vous remercie { *bien sincèrement / vivement / de tout cœur / du fond du cœur / mille fois* } { *de cet agréable séjour. / de m'avoir si gentiment reçu(e). / de votre hospitalité. / de votre chaleureux accueil.* }

Je ne sais comment te remercier de…
Je ne te remercierai jamais assez de…
Mille fois merci de…

Plus formel

Je vous prie d'accepter tous mes remerciements pour…

Pour un service rendu

Soyez vivement remercié d'avoir…
Je tiens à vous exprimer ma gratitude / ma reconnaissance pour le grand service que vous m'avez rendu.
Je vous sais gré de + infinitif / ou un nom

Pour un cadeau, on peut dire aussi

J'ai été très touché(e)/ ému(e) de recevoir ton cadeau et je t'en remercie infiniment.
Tu m'as vraiment comblé(e)/ gâté(e) en m'offrant… et je t'en remercie du fond du cœur.
C'est vraiment très gentil de votre part de m'avoir offert ce… et je vous en remercie vivement.

À NOTER

Ne tardez pas à remercier : le plus tôt sera le mieux. Pour un dîner un mot de remerciement, ou même un simple coup de téléphone, peut suffire. Pour un service rendu, vous pouvez envoyer des fleurs (avec un mot sur une carte de visite). Pour un séjour, même si vous avez téléphoné pour dire que vous êtes bien arrivé, une lettre s'impose ; de même pour un cadeau.

ÉCRIRE À UN PROFESSEUR QUI VEUT ORGANISER UN SÉJOUR DANS VOTRE PAYS

Chicago, le 2 février 19..

Chère Madame,

C'est avec grand plaisir que j'ai lu votre lettre m'annonçant votre intention d'organiser , avec votre collègue professeur d'anglais, l'accueil de jeunes étudiantes françaises dans des familles américaines afin de leur faire découvrir les États-Unis, tout en leur permettant de suivre des cours à l'université pendant toute une année.

Je dois vous dire que j'ai été à la fois très touchée et très fière que vous ayez pensé à moi pour vous aider à mettre en place ce projet.

J'ai déjà bien réfléchi aux démarches à effectuer de manière à atteindre l'objectif que vous vous êtes fixé. Ainsi, il me semble que ma première tâche consistera à mettre des annonces à l'université, dans les bibliothèques et dans les journaux, de façon à contacter des familles qui soient susceptibles de recevoir ces jeunes filles.

Ensuite, il me semble également important de discuter avec des professeurs enseignant le français dans mon université en vue d'une éventuelle collaboration de vos étudiantes à leurs cours, sous une forme qui reste à définir.

Mais avant tout, il me faudra rencontrer le directeur de l'université pour qu'il soit informé de votre projet et qu'il se mette en contact avec vous.

Dès que j'aurai obtenu quelques renseignements utiles, je vous écrirai de nouveau. Soyez assurée que je vais m'employer à mener à bien ce projet auquel je suis heureuse d'être associée.

Je vous prie de croire, chère Madame, à l'assurance de mes sentiments respectueux et à mon meilleur souvenir.

Sarah Monroe

PLAN

Formule d'appel
> respectueuse

Corps de la lettre
> 1. Motif de la lettre : résumé du projet proposé.
> 2. Réaction de l'auteur de la lettre : joie et fierté de rendre service.
> 3. Premier but à atteindre et moyens employés.
> 4. Second but.
> 5. Troisième but.
> 6. Promesse faite au correspondant de rendre le service.

Formule finale
> respectueuse

MOTS DE LIAISON

ainsi, ensuite, mais avant tout

VOCABULAIRE

- une tâche ➜ un travail
- être susceptible de ➜ pouvoir peut-être
- se mettre en contact avec quelqu'un ➜ contacter quelqu'un
- mener à bien ➜ exécuter, accomplir, faire correctement et jusqu'au bout (un travail par exemple)

RENDRE SERVICE ET DÉFINIR DES OBJECTIFS

Exprimer le plaisir qu'on a à rendre le service
Je serai très heureux(se) de pouvoir vous aider.
C'est avec (grand) plaisir que je vous rendrai ce service.
Je suis à votre (entière) disposition pour...
Vous pouvez compter sur moi pour...

Si on veut insister sur l'énergie qu'on est prêt à dépenser
Je vais chercher à, m'employer à, travailler à, m'appliquer à, m'attacher à + infinitif ou *à ce que* + subjonctif

Si le résultat n'est pas certain
Je vais tâcher de, m'efforcer de, tenter de... + infinitif

Définir des buts précis
Je vais... afin de / pour + infinitif
 afin que / pour que + subjonctif
Si je fais ceci c'est afin de / pour/ afin que / pour que...
Je... de manière à / de façon à + infinitif
Nous... de manière à ce que / de façon à ce que/ de sorte que + subjonctif
Il me/nous faudra... pour que + subjonctif
Il me/nous suffira de... pour que + subjonctif

Certaines prépositions peuvent éviter la répétition de «pour»
À seule fin de/que, avec/dans l'espoir de/que + infinitif/ subjonctif
Dans le but de, en vue de , dans/avec l'intention de + nom
Dans la perspective de + infinitif (but plus lointain)

À NOTER

Accepter de rendre un service c'est s'engager vis-à-vis de l'autre.
Il faut donc être très précis... et pouvoir tenir ses promesses !

51

ROMPRE UNE RELATION

Le 2 mars 19..

Benoît,

La situation est devenue intolérable. J'ai encore essayé de t'appeler et je suis tombée une fois de plus sur ton répondeur. Pas un signe de toi, pas le moindre coup de fil, vraiment tu te moques de moi!

La raison de ce silence prolongé serait-elle la charmante étudiante en architecture avec qui on te voit souvent depuis plus d'un mois, comme je viens de l'apprendre par François ? Quand je pense que je t'ai vu il y a 15 jours et que tu ne m'en a même pas touché un mot ! Si au moins tu m'avais dit alors que tu avais rencontré quelqu'un et que tu voulais prendre tes distances, j'aurais compris. Crois-moi, il aurait mieux valu une franche explication. Tu me déçois amèrement car je n'aurais jamais cru que tu sois aussi lâche.

Notre relation était basée sur des rapports d'honnêteté totale. Tu aurais pu au moins respecter cela. Je t'en veux vraiment et ce que je te reproche n'est pas tant de sortir avec quelqu'un d'autre que de m'avoir caché la vérité et de me laisser sans nouvelles depuis deux semaines.

Tout compte fait, je préfère que nous en restions là et que cette comédie cesse. En clair cela signifie que je ne veux plus te voir.

Adieu !

Fariba

PLAN

Formule d'appel
très brève et sèche

Corps de la lettre
1. Motif de la lettre et expression des sentiments de colère.
2. Exposé des griefs, reproches.
3. Explication plus précise des sentiments.
4. Conclusion : fin des relations.

Formule finale
brève et dramatique

MOTS DE LIAISON

tout compte fait

VOCABULAIRE

- un répondeur ➜ un appareil qui enregistre les messages téléphoniques
- le moindre ➜ le plus petit
- toucher un mot ➜ parler brièvement
- prendre ses distances ➜ refuser des relations familières, manifester de la retenue dans les rapports sociaux
- en clair ➜ pour exprimer cela d'une manière plus précise

REPROCHER

Si la cause du conflit est passée, on utilise le conditionnel passé

Tu (n') aurais (pas) dû
Vous auriez pu } + infinitif

Il aurait fallu } + infinitif
Il aurait / eut mieux valu } ou *que* + subjonctif } au lieu de…

Tu aurais mieux fait de
Il aurait été plus honnête de } + infinitif
Cela n'aurait pas été très difficile de

Si la cause du conflit est toujours présente, le conditionnel présent avec des adverbes d'opposition

Tu devrais / pourrais au moins + infinitif

Il vaudrait quand même mieux } + infinitif
Il vaudrait tout de même mieux } ou *que* + subjonctif } au lieu de…

Tu ferais mieux de
Ce ne serait pas bien difficile de } + infinitif
Est-ce que ce serait trop te demander que de

Mais aussi

Pourquoi + négation : *Pourquoi ne m'as-tu pas prévenu(e) ?*
Si au moins tu m'avais dit la vérité !
Tu ne m'as même pas consulté(e).
Vous n'avez même pas pris la peine de me téléphoner.
Quand je pense que vous n'avez pas daigné me répondre !
Je te reproche de ne pas avoir été franc / franche avec moi.
Je t'en veux de m'avoir caché la vérité.
Alors que je pensais que… toi, tu…
Au lieu de… tu…

À NOTER

Selon la gravité du reproche et l'objectif poursuivi (exprimer sa colère, culpabiliser l'autre ou rompre une relation par exemple) le ton de la lettre sera plus ou moins sévère. On s'efforcera cependant de rester courtois.

ÉCHANGER SA MAISON POUR LES VACANCES

Dr Inge Lang
Bayernst 11
A 5020 Salzburg
Autriche
Tél: 0662/845132

Salzburg, le 30 avril 19..

Chère Madame,
Cher Monsieur,

Nous avons trouvé votre adresse dans le bulletin semestriel «Changez, échangez» et nous voudrions vous proposer un échange de maison pendant deux semaines au mois d'août.

Nous habitons à Salzburg, ville natale de Mozart où tous les ans, de fin juillet à fin août, a lieu le célèbre festival de musique.

Notre maison date de 1908. Elle a beaucoup de charme, est spacieuse et confortable : 5 pièces, 2 salles de bains, cuisine, télévision, chaîne stéréo, petit jardin. Elle est située dans un quartier calme, à 5 minutes du centre ville.

Pour les amateurs d'histoire, Salzburg est une ville de rêve avec des églises, des musées, une forteresse et, bien sûr, la maison de Mozart. De plus, de nombreuses excursions sont intéressantes à faire : à 6 km le château de Hellbrunn avec son parc et ses jardins et tout autour de Salzburg de merveilleux paysages de montagnes et de lacs.

Nous avons deux enfants, Renate (12 ans) et Nicki (7.ans) et sommes tous impatients de connaître la France et d'avoir enfin l'occasion de mettre en pratique le français que nous avons appris à l'école… il y a bien longtemps en ce qui concerne mon mari et moi-même!

Si notre proposition vous intéresse, veuillez nous le faire savoir au plus vite et nous communiquer les dates qui vous conviendraient.

Sincères salutations.

Inge Lang

PLAN

Formule d'appel
double et cordiale

Corps de la lettre
1. Source d'information (bulletin) et motif de la lettre avec des précisions sur les dates choisies.
2. Lieu de résidence de l'expéditeur et particularité de ce lieu.
3. Description de la maison et situation géographique.
4. Possibilités de visites et excursions qu'offrent la ville et ses alentours.
5. Présentation de la famille et but du séjour.
6. Demande de réponse.

Formule finale
brève et cordiale

MOTS DE LIAISON

de plus

VOCABULAIRE

• semestriel ➔ qui paraît tous les six mois (mensuel ➔ tous les mois, bimestriel ➔ tous les deux mois, trimestriel ➔ tous les trois mois, annuel ➔ tous les ans, hebdomadaire ➔ toutes les semaines)
• spacieux/spacieuse ➔ grand(e), dans lequel/laquelle il y a de la place

SITUER DANS L'ESPACE ET LE TEMPS

Notre maison se trouve / est située...
Pays : **en** *Autriche* (féminin), **au** *Canada* (masculin), **aux** *Philippines* (pluriel), **à** *Cuba* (pas d'article). Villes : **à** *Toronto*, **au** *Mans* (Le Mans). Régions : **en** *Bavière*, **dans** *la vallée d'Aoste*. Points cardinaux : **au** *nord*, **au** *sud*, **à** *l'est*, **à** *l'ouest*, **au** *nord-est...*
Dans *la ville* / **en** *ville* / **au** *centre de...* / **en** *plein centre ville.*
En *banlieue* / **dans** *la banlieue de...*
À *la campagne*, **à** *la montagne*, **au** *bord de la mer*, *(tout)* **près** *d'une rivière*, **au** *bord d'un lac*, **dans** *une forêt*, **au** *milieu d'un parc...*
À *10 minutes*, **à** *20 km de...*
Notre maison date **de** *l908, ces monuments datent* **du** *XVIIIe siècle, ce château a été construit* **en** *1520.*
Nous comptons venir **du** *1er* **au** *15 août, fin juillet, début mai, mi-octobre, vers le 13 avril, dans le courant du mois de mai .*
À *Pâques*, **à** *Noël*, **à** *la Pentecôte*, **aux** *grandes vacances*, **pendant** *les vacances d'été / de Noël.*

À NOTER

Il est conseillé de prendre contact six mois avant l'échange prévu afin de faire connaissance avec la famille à qui vous allez confier votre maison, et afin de régler tous les problèmes matériels. Vous pouvez joindre à votre lettre une photo de la maison, éventuellement de la famille, ainsi qu'un prospectus touristique qui présente votre ville ou votre région.

N'oubliez pas d'écrire votre nom, adresse et numéro de téléphone très lisiblement.

LETTRES ET DOCUMENTS ADMINISTRATIFS ET COMMERCIAUX

Comprendre un document administratif et commercial

Voici 6 documents. Lisez-les et soulignez les termes que vous ne comprenez pas puis référez-vous à la page 64 «Vocabulaire des documents».

DOCUMENT 1

MODES DE RÈGLEMENT D'UNE FACTURE DE TÉLÉPHONE

COMMENT PAYER VOTRE FACTURE

Autorisation de la poste N° 5 89

VOUS ÊTES TITULAIRE D'UN C.C.P.

Au lieu d'utiliser votre carnet de chèques, remplissez le cadre central du TUP (recto de cette formule) en y inscrivant les références de votre compte, datez et signez. Adressez le TUP (volets 1, 2 et 3) à votre **Centre de Chèques Postaux.**

VOUS PAYEZ PAR CHÈQUE BANCAIRE

Établissez votre chèque pour le montant exacte de la facture (centimes compris) au nom de FRANCE TELECOM.
Joignez à votre chèque, sans l'agrafer et sans rien inscrire, la partie 2 du TUP. Adressez l'ensemble (chèque + TUP), **sous pli affranchi,** au service **FRANCE TELECOM**, dont l'adresse figure au recto de cette formule.

VOUS PAYEZ EN ESPÈCES

– Présentez au bureau de poste de votre choix la formule du TUP sans y porter aucune mention.
– Conservez la Facture.
(Dans ce cas, des frais d'émission de mandat seront perçus).

Il est possible d'opter pour le «prélèvement automatique» : le montant de la facture est alors directement prélevé sur votre compte en banque quelques semaines après réception de l'avis.

DOCUMENT 2

LETTRE D'UN AVOCAT À SON CLIENT

PIERRE GIAUFFRET
CLAUDE ESSNER
BERNARD BENSA
Avocats associés
(SUR RENDEZ-VOUS)

2, RUE MASSÉNA – 06000 NICE
TÉL. : 93 87 77 96 (LIGNES GROUPÉES)
TÉLEX CARBAN 461 867 F
TÉLÉCOPIEUR 93 87 70 20

Monsieur ....
....
....

NICE, LE
9 novembre 1988

AFF. UNION IMMOBILIERE URBAINE

Cher Monsieur,

Nos correspondances des 18 et 21 octobre se sont croisées.

Vous avez dû maintenant recevoir le règlement de la somme de 15 000 F.

Je prends bonne note de ce que vous acceptez les conclusions de l'expert judiciaire.

Vous trouverez, en conséquence, ci-joint, le projet d'assignation en référé que je fais régulariser à l'encontre de la société UNION IMMOBILIERE URBAINE.

Je ne manquerai pas de vous tenir informé de la date d'audience qui sera retenue.

Par ailleurs compte-tenu de mes diligences à ce jour, il me serait agréable de recevoir une provision complémentaire sur honoraires que je vous propose de fixer à la somme de 2500 F.

Veuillez croire, Cher Monsieur, en l'assurance de mes sentiments dévoués.

B. BENSA

MEMBRES D'UNE ASSOCIATION AGRÉÉE
Le règlement des honoraires par chèque est accepté

DOCUMENT 3

RAPPEL D'UN LOYER À RÉGLER

A I P
ADMINISTRATION DE BIENS
ADMINISTRATION IMMOBILIÈRE PARISIENNE
SNC AU CAPITAL DE 500.000 F
RCS PARIS B 562 099 648
SIRET 562 099 648 00031

ADRESSER CORRESPONDANCES
ET RÈGLEMENTS À

79, RUE DE TOCQUEVILLE – 75017 PARIS
Téléphone : (1) 47.66 02 75

LOCAUX SIS :

LES HAUTS DE VAUGRENIER
HAMEAU 8 «DES SOURCES»
06270 VILLENEUVE LOUBET
RÉFÉRENCES À RAPPELER
DANS TOUTE CORRERSPONDANCE

MONSIEUR . . . .
. . . .
06270 VILLENEUVE LOUBET

06 2053 02 10009200

TOUTE OPÉRATION INTERVENUE APRÈS CETTE DATE N'EST PAS PRISE EN COMPTE

PARIS, le 17/08/1989

Madame, Monsieur,

A l'examen de votre compte en référence et sauf erreur ou omission de notre part, nous constatons que vous êtes redevable de :   5 365 00 FRS

ECHEANCE: 01/08/89   QUITTANCE : 0491   916280 5.365,00

En conséquence, nous vous prions de bien vouloir nous faire parvenir votre règlement par tout prochain courrier.

Dans votre intérêt et afin d'éviter tout malentendu, nous vous recommandons d'une manière générale de respecter l'échéance du terme en réglant entre les mains du Gardien ou, en son absence directement à notre Société l'intégralité du montant réclamé.

Nous vous demandons, à cet effet. de bien vouloir rappeler vos références ou joindre a votre versement le coupon détachable figurant en bas à gauche de votre avis de quittance.

Avec nos remerciements, nous vous prions de croire à nos sentiments distingués.

Gardez précieusement vos «quittances de loyer» (reçus que vous donne le propriétaire quand vous payez votre loyer). Elles sont un preuve de domiciliation et vous seront demandées pour diverses opérations (installation du téléphone, par exemple).

DOCUMENT 4

LETTRE D'UNE COMPAGNIE D'ASSURANCES

Cabinet Hemmerlé
Expertises

Incendie – Vol – Pertes d'exploitation – Dégâts des eaux – Responsabilité civile

Directoire :
Dominique Hemmerlé
Michel Gonnet
Jean-Pierre Fouliard
Thierry Crépin

Bureau de NICE :
Laurent Debeauce
164, avenue de la Lanterne
06200 Nice

Tél. : 93 83 52 44

adresser la correspondance à Nice, le *21 mars 1988*

N/Réf. : LD/DN/718095/06270
Concerne : Sinistre de 5/10/87
D.D.E

Monsieur,

Votre dossier relatif au sinistre cité en références, avait, dans un premier temps, été classé sans suite.

Dans le cadre des catastrophes naturelles, je vous informe que votre dossier est réouvert.

En conséquence, je me rendrai sur les lieux, le mercredi 30 mars 1988 entre 16 h et 16 h 30.

Veuillez tenir à ma disposition, une liste chiffrée des dommages, ainsi que l'accusé de réception de votre déclaration à la mairie de VILLENEUVE LOUBET.

Vous souhaitant bonne réception de ce courrier,

Je vous prie déagréer, Monsieur, mes salutations distinguées.

L. DEBEAUCE

Siège : 55, boulevard de la Villette – 75010 Paris – Tél. : 42 00 11 22 (12 lignes) – Télex : HEMMEXP 670173 F
Bureaux : Bordeaux : 56 81 47 80 – Lille : 20 51 81 81 – Toulouse : 61 54 10 60

LETTRE DE LA CAISSE D'ASSURANCE MALADIE

 **Caisse Primaire d'Assurance Maladie**
des Alpes-Maritimes (06)   sécurité sociale

CENTRE DE PAIMENT DE CAGNES S/MER
Le 11/04/89

Adresse postale

Monsieur IRWIN
1055 AVE RHIN & DANUBE
06140 VENCE

1431299732107

Monsieur,

Vous nous avez transmis une demande d'entente préalable du 31/01/89
relative à LENTS CORNÉENNES bénéficiaire : Assuré Prénom : DONALD

Nous vous informons que cette demande fait l'objet d'un refus
administratif.

Cet article est remboursable en cas d'affections occulaires
limitativement énumérées au Tarif Interministériel des Prestations
Sanitaires (TIPS). Et vous n'entrez pas dans les catégories fixées
par celui-ci. Vous ne pouvez donc prétendre à cette prise en charge.

Si vous contestez cette décision, il vous appartient de saisir la
Commission de Recours Amiable, par lettre recommandée ou déposée contre
récépissé auprès de votre Centre de paiement dans un délai de 2 mois
suivant la date de la présente notification qui devra être jointe à
votre courrier.

Avant toute contestation, il vous est recommandé d'obtenir tous
les renseignements complémentaires auprès de votre Centre de
Paiement.

LE DIRECTEUR

Pour certains soins médicaux (par exemple prothèses dentaires, lentilles ou lunettes, kinésithérapie, etc.), il faut envoyer une «demande préalable» à votre caisse d'assurance maladie (cf. aussi p. 80). Cette demande se fait avant les soins. La caisse accepte de prendre en charge les frais ou n'accepte pas, comme c'est ici le cas.

DOCUMENT 6

EXTRAITS D'UN BAIL LOCATIF

2. 3. 4 Le LOCATAIRE ne pourra faire aucun changement, aucun percement de mur ni aucune démolition, sans le consentement écrit du BAILLEUR ou de son mandataire et dans ce dernier cas, les travaux devront être exécutés par les entrepreneurs et sous la direction de l'architecte du BAILLEUR, le coût des travaux autorisés et les honoraires d'architecte restant à la charge du LOCATAIRE.
Le bailleur a la faculté d'exiger aux frais du LOCATAIRE la remise immédiate des lieux en l'état lorsque les transformations mettent en péril le bon fonctionnement des équipements ou la sécurité du local et de l'immeuble en général.

2. 3. 6 Le LOCATAIRE est tenu :
– d'assurer son mobilier contre les risques d'incendie, de dégâts d'eau et d'explosion ;
– d'assurer les risques dont il doit répondre en sa qualité du locataire au titre des locaux loués, dépendances incluses, envers le BAILLEUR et généralement les tiers, auprès d'une compagnie d'assurances
Il devra justifier de cette assurance au BAILLEUR lors de la remise des clés, maintenir cette assurances pendant toute la durée du bail, en payer régulièrement les primes et EN JUSTIFIER au BAILLEUR chaque année.

2. 3. 11 Le LOCATAIRE devra satisfaire à ses frais toutes les charges et conditions d'hygiène, de ville, de police ainsi qu'aux règlements de salubrité et d'hygiène, et acquitter à leur échéance toutes ses contributions personnelles, taxes d'habitation, d'enlèvement des ordures ménagères et autres, ainsi que toutes taxes assimilées, de telle façon que le LOCATAIRE devra, avant de vider les lieux, justifier au BAILLEUR qu'il a acquitté toutes impositions et taxes dont il serait redevable, notamment sa consommation d'eau.

2. 5 RÉVISION DU LOYER
Le loyer sera révisé automatiquement et de plein droit chaque année à la date anniversaire du bail ou à la date stipulée aux conditions particulières, en fonction de la varation de l'indice national du coût de la construction publié par l'INSEE ou en fonction de l'indice ou du taux d'évolution qui lui serait substitué.

Un bail est un contrat de location, signé entre le propriétaire (bailleur) ou son mandataire (l'agence immobilière) qui le représente, et le locataire, qui définit les conditions de la location.

VOCABULAIRE DES DOCUMENTS

DOCUMENT 1 : Modes de règlement d'une facture de téléphone

- CCP → compte chèque postal
- TUP → titre universel de paiement
- recto → 1re page d'une feuille, par opposition au verso qui est la seconde page → recto-verso → les deux côtés d'une page
- établir un chèque au nom de... → écrire un chèque à l'ordre de...
- sous pli affranchi → dans une enveloppe timbrée
- en espèces → en argent liquide
- sans y porter aucune mention → sans rien écrire dessus
- les frais d'émission seront perçus → vous payerez les frais d'envoi

DOCUMENT 2 : Lettre d'un avocat à son client

- nos correspondances se sont croisées → vous avez envoyé une lettre en même temps que moi
- une assignation → un ordre de se présenter devant le juge
- un référé → une procédure d'urgence par laquelle le président d'un tribunal règle provisoirement un litige
- je ne manquerai pas de... → je vous assure que je...
- compte tenu → étant donné, vu, considérant
- mes diligences → mes soins et ma rapidité d'exécution

DOCUMENT 3 : Rappel d'un loyer à régler

- toute opération intervenue après cette date n'est pas prise en compte → si vous avez envoyé de l'argent après la date citée, nous n'avons pas encore enregistré ce paiement
- votre compte en référence → votre compte dont les références sont notées ci-dessus
- sauf erreur ou omission de notre part → à moins que nous fassions erreur ou que nous ayons oublié quelque chose
- vous êtes redevable → vous nous devez...
- nous faire parvenir votre règlement par un tout prochain courrier → nous envoyer votre paiement rapidement
- l'échéance du terme → la date limite de paiement d'une somme à régler à date fixe (ici, le loyer)
- l'intégralité du montant réclamé → la somme totale que nous vous demandons
- à cet effet → pour cela
- le coupon détachable → la partie de la feuille qu'on détache et sur laquelle sont notées les références et les sommes dues
- l'avis de quittance → le reçu du loyer

DOCUMENT 4 : Lettre d'une compagnie d'assurance à la suite d'une déclaration de sinistre

- relatif à ➜ concernant, qui se rapporte à…
- cité en référence ➜ dont nous avons les références ci-dessus
- dans un premier temps ➜ tout d'abord
- classée sans suite ➜ abandonnée
- réouvert ➜ ouvert de nouveau
- je me rendrai sur les lieux ➜ j'irai sur place
- une liste chiffrée ➜ une liste d'objets avec l'estimation de leur valeur
- ainsi que ➜ et aussi, et également
- vous souhaitant bonne réception de ce courrier ➜ formule de politesse signifiant : j'espère que vous recevrez bien cette lettre

DOCUMENT 5 : Lettre de refus de prise en charge de la sécurité sociale

- demande d'entente préalable ➜ demande auprès de la caisse d'assurance maladie faite avant l'exécution des soins (ici *Lents cornéennes* ➜ lentilles de contact) pour que celle-ci s'engage à rembourser la totalité ou une partie des frais médicaux (VOIR «FEUILLE DE SOINS» p. 80-81)
- vous ne pouvez pas prétendre à… ➜ bénéficier de / avoir droit à…
- il vous appartient de… ➜ c'est à vous de…
- déposée contre récipissé ➜ apportée (au centre) en échange d'un reçu
- la présente notification ➜ cette lettre

DOCUMENT 6 : Bail locatif

- restant à la charge du locataire ➜ le locataire devant les payer
- avoir la faculté ➜ pouvoir
- mettre en péril ➜ mettre en danger
- être tenu de… ➜ être obligé de
- le mobilier ➜ les meubles
- au titre de ➜ ici, pour
- satisfaire à ses frais ➜ payer
- salubrité ➜ propreté
- acquitter à leur échéance ➜ régler à leur terme (à la date limite)
- taxes d'habitation ➜ taxes sur les locations
- enlèvement des ordures ménagères ➜ ramassage des poubelles
- vider les lieux ➜ quitter le logement
- être redevable de… ➜ devoir payer
- notamment ➜ en particulier
- révisé ➜ ici, augmenté
- de plein droit ➜ comme il est autorisé
- INSEE ➜ Institut national de la statistique et des études économiques, organisme gouvernemental qui analyse le développement économique de la France

Remplir un document administratif

Vous aurez certainement à remplir beaucoup de documents administratifs, fiches, questionnaires, formulaires de toutes sortes si vous séjournez en France. Ces quelques renseignements pourront vous aider.

Surtout si le document à remplir s'imprime au carbone à plusieurs exemplaires, veillez à utiliser de préférence un stylo à bille noir ou bleu.

Renseignements sur l'identité

Vous devez écrire en lettres d'imprimerie. (ABCDEF etc.)

Nom → nom de famille. Pour une femme mariée on inscrit généralement le nom de jeune fille suivi du nom d'épouse :
Exemple : Madame CLARK, épouse GODFRED.
Plus rarement l'inverse : Madame GODFRED née CLARK.

Raison sociale → le nom d'une entreprise ou d'une société.

Siège social → adresse de l'entreprise ou de la société.

Prénom(s) → le ou les prénom(s) dans l'ordre donné sur le certificat de naissance. Pas de diminutif, mais le prénom complet.
Exemple : DONALD et non DON.

Conjoint → mari ou femme / époux ou épouse.

Nationalité → donnez l'adjectif de nationalité au féminin (la nationalité).
Exemple : américaine, et non pas US.

Pays → mettez le nom de votre pays en français.
Exemple : Allemagne, et non Deutchland.

Date de naissance → le jour + le mois + l'année : 24/02/48.
Attention à bien distinguer le «1» du «7» (barré).

Adresse → appelée aussi domicile ou lieu de résidence ou résidence principale (à opposer à secondaire = de vacances)
numéro de la rue + nom de la rue
puis : code postal + ville + pays
30, rue des Oliviers
06400 Cannes, France

Profession ➜ parfois aussi désignée sous d'autres appellations :
qualité, nature de l'activité, métier, activité professionnelle.

Instructions pour remplir un questionnaire à choix multiple

Exemple : Monsieur Sanchez est célibataire. Selon les imprimés à remplir, les instructions peuvent être différentes :

* Entourez la réponse
  correspondant à votre cas :   Marié   (Célibataire)   Divorcé

* Barrez la mention inutile :   ~~Marié~~   Célibataire   ~~Divorcé~~

* Mettre une croix dans
  / biffez /cochez la
  case correspondante :   Marié ☐   Célibataire ☒   Divorcé ☐

* Soulignez la mention exacte :   Marié   <u>Célibataire</u>   Divorcé

* Noicir la case correspondante : Marié ☐   Célibataire ■   Divorcé ☐

À la fin de l'imprimé

Un document doit être toujours daté. C'est pourquoi une place est généralement réservée pour inscrire la date :

(Fait) à …… [écrire le nom de la ville], le …… [la date]

et n'oubliez pas de signer, en écrivant éventuellement sous votre signature vos nom et prénom en lettres d'imprimerie.

Attention ! Certains documents doivent être précédés de la mention *Lu et approuvé* écrit de votre main.

Pièces à fournir

Dans de nombreux dossiers, on vous demandera une «fiche d'état civil». Les français l'obtiennent en présentant leur «livret de famille» (carnet délivré au moment du mariage sur lequel on inscrit les naissances et les décès survenus dans la famille). Pour les étrangers qui n'ont pas ce système de «livret de famille», un «extrait d'acte de naissance» de la personne concernée permettra d'obtenir une «fiche d'état civil individuelle» gratuitement à la mairie. Pour la «fiche d'état civil familiale», il faudra un acte de naissance de chacun des membres de la famille.

CONSTAT AMIABLE

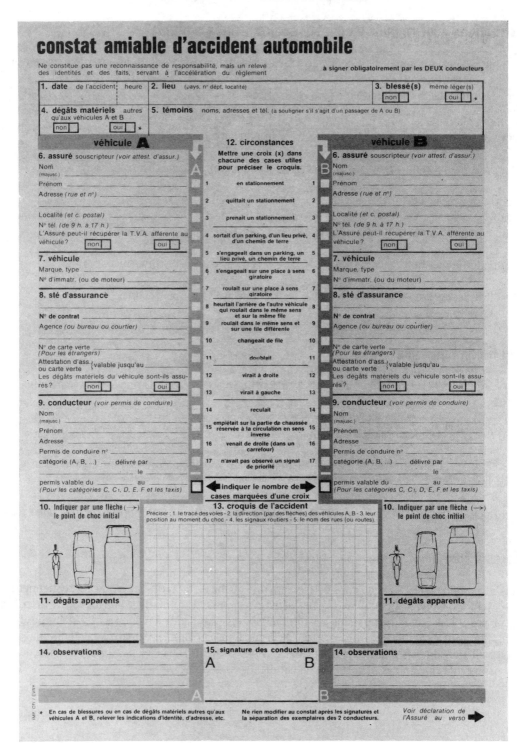

constat amiable d'accident automobile

Ne constitue pas une reconnaissance de responsabilité, mais un relevé des identités et des faits, servant à l'accélération du règlement

à signer obligatoirement par les DEUX conducteurs

1. date de l'accident heure   **2. lieu** (pays, n° dept, localité)   **3. blessé(s)** même léger(s) non ☐ oui ☐ *

4. dégâts matériels autres qu'aux véhicules A et B non ☐ oui ☐ *   **5. témoins** noms, adresses et tél. (a souligner s'il s'agit d'un passager de A ou B)

véhicule A

6. assuré souscripteur (voir attest. d'assur.)

Nom (majusc.)

Prénom

Adresse (rue et n°)

Localité (et c. postal)

N° tél. (de 9 h. à 17 h.)

L'Assuré peut-il récupérer la T.V.A. afférente au véhicule? non ☐ oui ☐

7. véhicule

Marque, type

N° d'immatr. (ou de moteur)

8. sté d'assurance

N° de contrat

Agence (ou bureau ou courtier)

N° de carte verte (Pour les étrangers)

Attestation d'ass. ou carte verte | valable jusqu'au

Les dégâts matériels du véhicule sont-ils assurés? non ☐ oui ☐

9. conducteur (voir permis de conduire)

Nom (majusc.)

Prénom

Adresse

Permis de conduire n°

catégorie (A, B, ...) délivré par

le

permis valable du   au

(Pour les catégories C, C₁, D, E, F et les taxis)

12. circonstances

Mettre une croix (x) dans chacune des cases utiles pour préciser le croquis.

	Véhicule A		Véhicule B
1	en stationnement	1
2	quittait un stationnement	2
3	prenait un stationnement	3
4	sortait d'un parking, d'un lieu privé, d'un chemin de terre	4
5	s'engageait dans un parking, un lieu privé, un chemin de terre	5
6	s'engageait sur une place à sens giratoire	6
7	roulait sur une place à sens giratoire	7
8	heurtait l'arrière de l'autre véhicule qui roulait dans le même sens et sur la même file	8
9	roulait dans le même sens et sur une file différente	9
10	changeait de file	10
11	doublait	11
12	virait à droite	12
13	virait à gauche	13
14	reculait	14
15	empiétait sur la partie de chaussée réservée à la circulation en sens inverse	15
16	venait de droite (dans un carrefour)	16
17	n'avait pas observé un signal de priorité	17

◄ indiquer le nombre de ► cases marquées d'une croix

véhicule B

6. assuré souscripteur (voir attest. d'assur.)

Nom (majusc.)

Prénom

Adresse (rue et n°)

Localité (et c. postal)

N° tél. (de 9 h. à 17 h.)

L'Assuré peut-il récupérer la T.V.A. afférente au véhicule? non ☐ oui ☐

7. véhicule

Marque, type

N° d'immatr. (ou du moteur)

8. sté d'assurance

N° de contrat

Agence (ou bureau ou courtier)

N° de carte verte (Pour les étrangers)

Attestation d'ass. ou carte verte | valable jusqu'au

Les dégâts matériels du véhicule sont-ils assurés? non ☐ oui ☐

9. conducteur (voir permis de conduire)

Nom (majusc.)

Prénom

Adresse

Permis de conduire n°

catégorie (A, B, ...) délivré par

le

permis valable du   au

(Pour les catégories C, C₁, D, E, F et les taxis)

10. Indiquer par une flèche (→) le point de choc initial

13. croquis de l'accident

Préciser : 1. le tracé des voies - 2. la direction (par des flèches) des véhicules A, B - 3. leur position au moment du choc - 4. les signaux routiers - 5. le nom des rues (ou routes).

11. dégâts apparents

10. Indiquer par une flèche (→) le point de choc initial

11. dégâts apparents

14. observations

15. signature des conducteurs

A   B

14. observations

IMP CRF / EVRY

* En cas de blessures ou en cas de dégâts matériels autres qu'aux véhicules A et B, relever les indications d'identité, d'adresse, etc.

Ne rien modifier au constat après les signatures et la séparation des exemplaires des 2 conducteurs.

Voir déclaration de l'Assuré au verso ➡

Il est utile d'avoir dans votre voiture un imprimé de «constat amiable» que vous pouvez vous procurer auprès de votre assurance. En effet, en cas d'accident, il est essentiel que ce document soit rempli immédiatement, sur les lieux mêmes de l'accident, par les deux conducteurs pour constater les dégâts et éviter des contestations ultérieures.

1. Notez la date, l'heure, le lieu exact, éventuellement les blessés (alertez alors la police ou la gendarmerie) et les dégâts sur les autres véhicules, les témoins (les personnes qui ont vu l'accident et à qui vous pourrez demander un témoignage écrit). Écrivez avec un stylo à bille en appuyant nettement, sans rature.

2. Décidez avec le conducteur si vous êtes le conducteur A ou B. Exemple : Vous êtes le véhicule A : Remplissez les renseignements dans la colonne de gauche (véhicule A), l'autre conducteur remplit celle de droite (B). Pour les cases cochez la partie A et B : c'est votre version des faits. Si aucune case ne correspond, expliquez brièvement sur le dessin. Dans la **rubrique 14. observations,** notez s'il y a un désaccord entre l'autre conducteur et vous. Faites le dessin (**rubrique 13. croquis de l'accident**) de la position des deux véhicules au moment de l'accident. Surtout n'oubliez pas de signer et de faire signer l'autre conducteur qui aura rempli sa partie. Enfin, donnez un double à l'autre conducteur.

3. La déclaration au dos de ce constat peut être remplie chez vous.

VOCABULAIRE

- les dégâts ➜ ce qui a été endommagé, abîmé, cassé, etc.
- prenait un stationnement ➜ était en train de se garer
- une place à sens giratoire ➜ un rond-point
- dans le même sens ➜ dans la même direction
- une file ➜ les voitures sur une route se suivent les unes derrière les autres et forment ainsi une file ; il peut y avoir deux files (par exemple sur l'autoroute)
- virer ➜ tourner
- reculer ➜ aller en marche arrière (le contraire d'avancer)
- empiéter sur la partie de la chaussée… ➜ dépasser sur la partie de la route…

À NOTER

– Vous ne devez en aucun cas apporter des modifications au constat une fois qu'il a été signé. Gardez une photocopie et envoyez l'original le plus tôt possible à votre assureur (au maximum cinq jours).
– Remplir deux constats si l'accident a eu lieu entre trois véhicules.

DEMANDE D'ADMISSION PRÉALABLE

À L'INSCRIPTION EN PREMIER CYCLE DANS UNE UNIVERSITÉ FRANÇAISE

A

RÉPUBLIQUE FRANÇAISE
MINISTÈRE
DE L'ÉDUCATION NATIONALE
DE LA JEUNESSE ET DES SPORTS

ANNÉE 1990 - 1991

DOSSIER N°

DEMANDE D'ADMISSION PRÉALABLE
À L'INSCRIPTION EN PREMIER CYCLE DANS UNE UNIVERSITÉ FRANÇAISE

•••

A remplir par le service (désignation et adresse du service qui délivre le dossier)

(Apposer le tampon officiel sur le nom de l'étudiant, sans ce tampon, le formulaire n'est pas valable)

Délivré le .... par ....

Le permis de séjour présenté est celui (1) ....

de l'intéressé(e)   du conjoint   des parents (père-mère)
valable 1 an (1)   *valable 3 ans (1)*   *valable 3 ans (1)*

N° .... délivré par : ....

Dossier à retourner sous pli recommandé ou à rapporter au service qui vous l'a délivré **avant le 1er février (dossier nul en cas de retard).**

•••

A remplir par le candidat

Avant de remplir le dossier, lisez très attentivement les recommandations au dos de ce dossier et la notice d'information.

NOM :
(pour les femmes mariées, indiquer le nom de jeune fille suivi de la mention « épouse » et du nom du mari)

Prénoms : .... Sexe : (1) : ☐ Masculin ☐ Féminin

Nationalité : .... Né(e) le : ⊔⊔ ⊔⊔ ⊔⊔⊔⊔
(entre parenthèses, nationalité du conjoint s'il y a lieu)   jour mois année

Adresse : N° .... Rue ou BP : ....

Code postal : .... Ville : .... Pays : ....

Universités demandées : *(par ordre de préférence)* (2). Nom - Numéro sans adresse *(exemple : Lille I - Aix-Marseille III).*

1re : ....   2e : ....

Épreuves linguistiques (3) : ☐ me convoquer (1)   ☐ me dispenser (1)

Diplôme en vue duquel l'inscription est demandée (4) :

	Par corres pondance			Par corres pondance
Capacité en Droit	☐	☐	DEUG Sciences Humaines section Philosophie	☐ ☐
DEUG Droit	☐	☐	Sociologie	☐ ☐
DEUG Sciences Économiques	☐	☐	Psychologie	☐ ☐
DEUG AES (5)	☐	☐	Histoire	☐ ☐
DEUG Lettres et Arts section Lettres	☐	☐	Géographie	☐ ☐
Préciser 2 langues vivantes L et CE (5)	☐	☐	DEUG MASS (5)	☐ ☐
en plus du français LEA (5)	☐	☐	DEUG Sciences des structures et de la matière A	☐ ☐
Arts plastiques	☐	☐	DEUG Sciences de la nature et de la vie B	☐ ☐
Musique	☐	☐	Médecine (PCEM 1)	☐ ☐
Histoire des Arts	☐	☐	Odontologie (PCEM 1)	☐ ☐
DEUG Communication et Sciences du Langage	☐	☐	Pharmacie	☐ ☐
section Culture et Communication	☐	☐	DEUG SOINS	☐ ☐
section Sciences du Langage	☐	☐	DEUG Sciences, Économie et Technologie	☐ ☐

Quelles pièces devrez-vous joindre ?
(préparez-les à l'avance).

– **Une photocopie de la traduction du titre permettant l'accès à l'enseignement supérieur** dans le pays où vous l'avez obtenu (y joindre les notes obtenues aux différentes épreuves, certifiées conformes).
Ce titre est obligatoire pour l'inscription définitive (sauf pour l'inscription à la capacité en droit).
Si vous ne l'avez pas encore au moment de votre demande d'admission, vous devez fournir un relevé des notes obtenues au cours des **deux années scolaires précédentes**, certifié conforme (moins de 2 mois) par le Chef d'Établissement ou le Consulat français le plus proche.

– **Un acte de naissance** avec sa traduction en français.
– **4 coupons-réponses internationaux.** Si vous ne pouvez en obtenir dans le pays où vous résidez, demandez à l'Ambassade de certifier qu'il n'a pas été possible de s'en procurer dans ce pays.
– **2 enveloppes** portant l'adresse où vous seront adressées toutes les indications relatives à votre admission.

choix des Universités
vous êtes autorisé(e) à demander **deux universités** classées par ordre de préférence mais :

ATTENTION : Souvent les universités rattachées aux académies de Paris, Créteil et Versailles, réservent en priorité leur capacité d'accueil aux candidats bacheliers de ces académies.

Tout étudiant étranger désirant s'inscrire pour la première fois à une université française doit obligatoirement (à quelques exceptions près*) remplir un dossier de pré-inscription. Ce dossier peut être retiré entre le 1er décembre et le 15 janvier dans les consulats et les ambassades de France à l'étranger, ou directement dans les universités françaises s'il habite en France, et doit être rempli et remis avant le 1er février au service qui l'a délivré.

Comment remplir la demande de préinscription :
Le premier encadré sera rempli par le service qui reçoit le dossier.
– Universités demandées : En 1) écrivez le nom et le numéro de l'université où vous désirez vous inscrire ; en 2) celui d'une autre université où vous acceptez d'aller si la première refuse votre dossier. Chaque université décide elle-même de l'équivalence des diplômes étrangers. Si le dossier est accepté, l'étudiant doit alors remplir un dossier d'inscription à l'université désignée (en juin-juillet).
– Épreuves linguistiques : sont dispensés (➜ ne doivent pas présenter cette épreuve) : les étudiants des pays où le français est langue officielle ; ceux des pays où les épreuves des diplômes de fin d'études secondaires sont passées en grande partie en français ; ceux qui ont fait leurs études en français dans certains établissements (se renseigner auprès de l'établissement où vous préparez votre baccalauréat).
– Diplôme en vue duquel l'inscription est demandée : mettre une croix dans la case correspondant au diplôme que vous désirez obtenir (dans une des cases de la colonne de gauche si vous allez suivre l'enseignement à l'université même, dans une des cases de la colonne de droite si vous choisissez l'enseignement par correspondance). Pour la compréhension des sigles, reportez-vous à la notice d'information jointe au dossier.

VOCABULAIRE

• dossier nul en cas de retard ➜ si vous envoyez le dossier après la date limite il sera refusé
• entre parenthèses ➜ ( )
• s'il y a lieu ➜ si c'est nécessaire (et donc, ici, si le demandeur est marié)

*Par exemple les étudiants qui ont un baccalauréat international européen ou franco-allemand, les réfugiés… L'information complète est donnée dans le dossier de pré-inscription.

À NOTER

Vous serez obligatoirement convoqué, avant le 1er mars, pour le test linguistique dans le pays ou vous avez fait votre demande. Vous devez recevoir une réponse des universités avant le 1er juin. Sinon, écrivez-leur en joignant une enveloppe et conservez une photocopie de votre lettre.

En cas de réponse négative des deux universités, vous pouvez écrire avant le 10 juillet à Monsieur le Ministre de l'Éducation nationale. En cas de réponse positive d'une des deux universités, vous devez envoyer une lettre de confirmation avant le 31 juillet en vue de votre inscription définitive (gardez une photocopie de votre lettre).

N'oubliez pas de faire votre demande de carte de séjour (VOIR «DEMANDE DE TITRE DE SÉJOUR» p. 78). N'envoyez jamais les originaux de vos diplômes mais seulement des photocopies certifiées conformes.

DÉCLARATION DES REVENUS

N° 2042

cerfa

N° 30-2685

Déclaration des revenus 1990

Envoyez un exemplaire de votre déclaration au centre des impôts de votre domicile.

VOTRE ETAT CIVIL (écrivez en capitales d'imprimerie). Pour l'épouse : lignes A, B et C

- Nom, prénom (du mari pour un couple) **1** M, MME, MLE
  rayez les mentions inutiles   nom

                                                  prénom

- Nom d'usage (facultatif) **2**

- Date de naissance **3**   Lieu de naissance **4**   dépt.   commune

- Si vous êtes veuve divorcée ou séparée | Nom de naissance et prénom **5**

- Epouse | Nom de naissance et prénom . . . . **A**
  | Date de naissance **B**   Lieu de naissance **C**   dépt.   commune

---

VOTRE ADRESSE AU 1er JANVIER 1991   Si vous souscrivez la déclaration pour la première fois, cochez ☐

Dans un immeuble collectif, précisez le bâtiment, l'escalier, l'étage et le numéro d'appartement

6 Résidence .... Bâtiment .... Escalier .... Étage .... App'. n° ....

7 N° et rue ....

CODE POSTAL | | | | | COMMUNE de domicile ....   COMMUNE de rattachement le cas échéant ....

A votre nouveau domicile, veuillez indiquer, si possible, si vous êtes :
– Propriétaire . . ☐   } Cochez
– Locataire . . . . ☐   la
– Occupant à titre gratuit . . . . ☐   case utile

Ø insp-spe   D.C. Réservé à l'Administration   **8** | | | | | | | **9** | | | | |

SI VOUS AVEZ DES **PERSONNES A CHARGE**, autres que les enfants rattachés, INDIQUEZ TOUTES CES PERSONNES AU CADRE B PAGE 2

RATTACHEMENT d'enfants majeurs ou mariés. Si un ou plusieurs de vos enfants majeurs ou mariés demandent leur rattachement, complétez le cadre C page 2.

VOTRE ADRESSE AU 1er JANVIER 1990 SI VOUS AVEZ DEMENAGE EN 1990

- Bâtiment, appartement . . RÉS. .... BAT. .... ESC. .... ÉTAGE .... APP. N° ....

- N° et nom de la rue . . . . N° ....

- Ville et code postal . . . . . CODE POSTAL | | | | | COMMUNE de domicile ....   COMMUNE de rattachement le cas échéant ....

A .... LE 1991

Signature
(pour un couple, signatures des deux époux)

Votre n° de téléphone (facultatif) : ....

nale 1403133.L 65 [34] - Décembre 1990

A SITUATION DE FAMILLE EN 1990 (voir notice, p. 5 à 8)

COCHEZ LA CASE CORRESPONDANT A VOTRE SITUATION

Mariés : . . . . ☐ M

Célibataire (ou vivant en union libre) : . . . . ☐ C

Divorcé(e) ou séparé(e) : . . . . ☐ D

Veuf ou veuve : . . . . ☐ V

- Vous avez [ou, dans un couple marié, le mari a] une pension d'invalidité d'au moins 40 % (militaire ou d'accident du travail) ou une carte d'invalidité d'au moins 80 %. ☐ P

  n° et date de la carte ☐

- L'épouse remplit une des conditions ci-dessus. ☐ F

  n° et date de la carte ☐

- Vous êtes mariés et l'un des époux a plus de 75 ans et est titulaire de la carte du combattant (voir notice p. 8) ☐ S

Mariage, divorce, séparation ou décès de votre conjoint en 1990 :

Date du mariage : jour ☐ mois ☐ année X 1 9 ☐

Date du divorce ou de la séparation : jour ☐ mois ☐ année Y 1 9 ☐

Date du décès du conjoint : jour ☐ mois ☐ année Z 1 9 ☐

Dans les cas ci-dessus, vous devez souscrire une déclaration pour chaque période d'imposition.

Vous êtes célibataire, divorcé(e), séparé(e), veuf(ve) :

- Vous avez un ou des enfants qui ne sont pas comptés à votre charge (mariés ou majeurs ou mineurs imposés distinctement) . . . . ☐ E

- Vous remplissez au moins une des conditions ci-dessous : soit avoir une pension de veuve de guerre ou avoir eu un enfant décédé après l'âge de 16 ans ou par suite de faits de guerre ; soit avoir plus de 75 ans et être titulaire de la carte du combattant ou de pensions servies en vertu du Code des pensions militaires d'invalidité et des victimes de guerre ; soit être veuve, âgée de plus de 75 ans et avoir eu un époux qui remplissait la condition précédente. . . . . ☐ K

- Un au moins de vos enfants à charge est issu du mariage avec votre conjoint décédé. ☐ L

B PERSONNES A CHARGE EN 1990 autres que les enfants rattachés (voir notice p. 8 et 9)

Précisez ci-dessous TOUTES LES PERSONNES A VOTRE CHARGE autres que les enfants qui demandent leur rattachement, en indiquant pour chacune les 2 derniers chiffres de son année de naissance. Ne comptez pas les enfants qui souscrivent une déclaration séparée ou qui sont déclarés à charge par une autre personne. Indiquez leurs nom et prénom cadre D.

Indiquez les 2 derniers chiffres de leurs années de naissance

- Nombre d'enfants non mariés de moins de 18 ans au 1.1.1990, ou nés en 1990, ou infirmes quel que soit leur âge F ☐ • ☐☐☐☐☐☐☐☐☐☐☐

Si vous avez des enfants infirmes

Combien sont titulaires de la carte d'invalidité ? . . G ☐ • ☐ Années de naissance (2 chiffres)

Combien ne sont pas titulaires de la carte d'invalidité ? H ☐ • ☐ Années de naissance (2 chiffres)

- Nombre de personnes (autres que vos enfants) vivant sous votre toit et titulaires de la carte d'invalidité d'au moins 80 % R ☐ • ☐ Années de naissance (2 chiffres)

•1 TRAITEMENTS, SALAIRES   Ne portez jamais les centimes. Ne déduisez aucun abattement.

	VOIR NOTICE P. 10 à 13 — Vos salaires, droits d'auteur, avantages en nature et indemnités journalières (faites le total)	Frais réels (donnez la liste détaillée à la page 6 de la déclaration)	Montant des salaires inscrits 1re colonne (J) bénéficiant d'une déduction supplémentaire		Taux		Taux	Montant des droits d'auteur inscrits 1re colonne (J) bénéficiant de la déduction supplémentaire
VOUS	AJ	AK	AL	AM	AN	AP	AR
CONJOINT	BJ	BK	BL	BM	BN	BP	BR

PERSONNES A CHARGE : indiquez leurs noms et prénoms

	CJ	CK	CL	CM	CN	CP	CR
	DJ	DK	DL	DM	DN	DP	
	EJ	EK	EL	EM	EN	EP	
	FJ	FK	FL	FM	FN	FP	

ASSOCIÉS DÉTENANT PLUS DE 35 % DES DROITS SOCIAUX, déclarez les salaires correspondants ci-dessous. (VOIR NOTICE P. 12).

VOUS	GJ	GK	GL	GM	GN	GP	
CONJOINT	HJ	HK	HL	HM	HN	HP	

■ PENSIONS, RETRAITES, RENTES

Y compris pensions alimentaires et retraits d'un Plan d'Epargne Retraite. (voir notice p. 13)

Ne déduisez aucun abattement	Vos pensions, avantages en nature et retraits d'un P.E.R. bénéficiant des abattements	Retraits d'un P.E.R. ne bénéficiant pas des abattements
VOUS	AS	AT
CONJOINT	BS	BT

PERSONNES A CHARGE : indiquez leurs noms et prénoms

	CS	
	DS	

■ RENTES VIAGÈRES A TITRE ONÉREUX

(voir notice p. 13)

Attention : mentionnez case V, X ou Z l'âge que vous aviez lors de l'entrée en jouissance de la rente. L'ordinateur calculera le taux.

Montant brut	Age	Montant brut	Age	Montant brut	Age
AU	AV	AW	AX	AY	AZ
BU	BV	BW	BX	BY	BZ

VOUS, CONJOINT | PERSONNES A CHARGE, AUTRES RENTES RELATIVES A VOUS MÊME OU A VOTRE CONJOINT

CU	CV	CW	CX	CY	CZ
DU	DV	DW	DX	DY	DZ

5 PLUS-VALUES ET GAINS DIVERS • AUTRES GAINS TAXABLES A UN TAUX PROPORTIONNEL

■ Plus-values sur biens meubles et immeubles (reports de la déclaration n° 2049)

VOIR NOTICE P. 20

A court terme	Paiement fractionné non demandé	A long terme Paiement fractionné demandé
RU	RV	RW

■ Gains de cessions de valeurs mobilières et profits sur marchés à terme et sur marchés d'options négociables taxables à 16 % (reports de la déclaration n° 2074)

Gains	Pertes	■ Plus-values de cession de parts de sociétés de personnes soumises à l'IR	■ Plus-values de cession de droits sociaux à 16 %	■ Gains de sociétés à capital risque à 16 %
SU	SV	SX	SY	SZ

■ Gains résultant de la levée d'options de souscription ou d'achat d'actions par les salariés en cas de revente dans le délai d'indisponibilité.

Moins de 2 ans	Entre 2 et 3 ans	Entre 3 et 4 ans	Entre 4 et 5 ans	
TU	TV	TW	TX	Inscrire le gain sur la ligne correspondant au temps écoulé entre l'option et la cession

6 CHARGES A DÉDUIRE DU REVENU ou reventes à ajouter au revenu
(inscrivez vos dépenses) VOIR NOTICE P. 21 à 23

■ PENSIONS ALIMENTAIRES

• Versées à des enfants majeurs non comptés à charge UH

Nombre d'enfants . . . . . . UJ

Part des pensions de la ligne UH versée à des enfants inscrits dans l'enseignement supérieur :   1er enfant UK

2e enfant UL

3e enfant UM

• Versées à d'autres personnes (enfants mineurs, parents) UZ

■ DÉDUCTIONS DIVERSES . . . . BA

■ FRAIS D'ACCUEIL sous votre toit d'une personne de plus de 75 ans dans le besoin . . . . EF

Nombre de personnes . . . EG

■ PERTES EN CAPITAL (Sociétés créées en 1987 et 1988 et en cessation de paiement) . . . . CB

■ DÉTAXATION DU REVENU INVESTI EN ACTIONS si vous êtes né avant 1932 (voir notice n° 2041 A)

Nombre de dépositaires de vos valeurs
Joignez les états annuels

• Excédents d'achats . . . . DF

• Sommes désinvesties à ajouter au revenu imposable . . . DG

• Année où vous avez obtenu votre première déduction . . . . DH 19

■ SOUSCRIPTIONS EN FAVEUR DU CINÉMA OU DE L'AUDIOVISUEL . . . . KJ
Joignez l'attestation de la société

■ REVENTES DE TITRES (cinéma, sociétés DOM-TOM) à ajouter au revenu . . . . GH

■ DÉFICITS GLOBAUX DES ANNÉES ANTÉRIEURES non encore déduits les années précédentes

1985	1986	1987	1988	1989
FA	FB	FC	FD	FE

7 CHARGES OUVRANT DROIT A DES RÉDUCTIONS D'IMPÔT (inscrivez vos dépenses) (VOIR NOTICE P. 23 à 29)

■ DONS AFFECTÉS A LA FOURNITURE GRATUITE DE REPAS ET AU LOGEMENT DES PERSONNES EN DIFFICULTÉ . . . . GA
(Maximum 520 F. Joignez obligatoirement les reçus)

GB

■ DONS autres que ceux de la ligne GA

• Oeuvres reconnues d'utilité publique ou fiscalement assimilées en matière de dons . . . . GC

• Oeuvres d'intérêt général, financement des partis politiques, campagnes électorales . . . . GD

Joignez obligatoirement les reçus GE

GF

■ FRAIS DE GARDE DES ENFANTS DE MOINS DE 7 ANS au 31/12/90 . . . . DA

Nombre d'enfants . . . . . DB

■ SOMMES VERSÉES A UNE AIDE A DOMICILE . . . LJ
(voir notice)

■ DÉPENSES D'HÉBERGEMENT DANS UN ÉTABLISSEMENT DE LONG SÉJOUR OU UNE SECTION DE CURE MÉDICALE (voir notice) . . . . . . LK

■ COMPTE D'ÉPARGNE EN ACTIONS (C.E.A.) : (report de la déclaration n° 2048)
Reprise d'impôt . . . . HG

■ FRAIS DE COMPTABILITÉ et adhésion à un centre de gestion . . . . FH

■ SOUSCRIPTIONS AU CAPITAL DE SOCIÉTÉS NOUVELLES . . . . LM

■ DÉPENSES AFFÉRENTES A L'HABITATION PRINCIPALE :
• Intérêts d'emprunt versés en 1990

Contrat conclu	– de 1980 à 1983	VH
	– du 1/1/85 au 31/12/89 . . . . (sauf ceux ci-dessous ligne VK)	VJ
	– du 1/6/86 au 31/12/89 pour un logement neuf et si vous êtes mariés	VK
	– à partir du 1/1/90 (sauf ceux ci-dessous ligne VM)	VL
	– à partir du 1/1/90 pour un logement neuf et si vous êtes mariés	VM

• Dépenses de ravalement . . . . VN

• Dépenses de grosses réparations et d'isolation thermique payées en 1990 . . . . VR
Joignez les factures

Excédent éventuel 1989 de dépenses de grosses réparations à reporter . . . . VS

■ PART D'ÉPARGNE DES PRIMES D'ASSURANCE VIE . . . . MJ
Joignez les certificats

■ PRIMES DES RENTES SURVIE CONTRATS D'ÉPARGNE HANDICAP (voir notice) . . . . MK
Joignez les certificats

■ LOGEMENT ACQUIS, CONSTRUIT OU RECONSTRUIT EN VUE DE SA LOCATION
(voir notice) - Joignez les justificatifs

• Investissements réalisés avant 1990 : Prix de revient des logements achevés ou payés en 1990 EA
• Investissements en 1990 (ou à compter du 20/9/1989, si non portés ligne EA)

– Prix de revient ou d'achat des logements achevés en 1990 EB

– Prix d'achat des actions ou parts souscrites . . . . EC

■ VERSEMENTS A UN FONDS SALARIAL :

	vous	conjoint	personnes à charge
Joignez l'état annuel obligatoire	LN	LP	LR

■ INVESTISSEMENTS DANS LES DOM-TOM - Montant des investissements réalisés en :

	1986	1987	1988	1989	1990
Joignez les justificatifs	HA	HB	HC	HD	HE

UTILISEZ LA PAGE 6 DE VOTRE DÉCLARATION POUR DÉTAILLER LES JUSTIFICATIFS DE VOS CHARGES

74

Toute personne de nationalité française ou étrangère, résidant et/ou travaillant en France, doit remplir chaque année au mois de février une déclaration des revenus qu'elle doit retirer et renvoyer après l'avoir complétée au centre des impôts de son domicile. Cette déclaration porte sur les revenus de l'**année précédente**. Les impôts ne sont donc pas prélevés directement sur les salaires comme dans certains pays.

– Donnez tous les renseignements concernant l'état civil et le nom des personnes à votre charge et résidant chez vous pour le calcul du nombre de «parts». Un couple marié doit faire une déclaration conjointe signée par les deux époux.

– Les sommes déclarées doivent être données en francs, sans les centimes, et **avant** déduction des frais professionnels qui seront automatiquement déduits (10% des revenus déclarés) sauf si vous optez pour les «frais réels» : il faudra alors inscrire le total de vos frais professionnels en joignant les justificatifs.

– De même, pour les charges que vous déclarez (par exemple les intérêts d'un emprunt pour l'achat d'une résidence principale, les primes d'assurance-vie, les dons aux œuvres de charité etc.), il faut joindre tous les jusificatifs.

– Envoyez un exemplaire de cette déclaration au centre des impôts et gardez l'autre exemplaire.

VOCABULAIRE

• traitements ➜ gains, honoraires, bénéfices perçus dans l'exercice d'une fonction ou d'un emploi

• rente viagère ➜ argent que reçoit, régulièrement et jusqu'à la fin de sa vie, une personne (généralement âgée) qui a vendu sa maison «en viager» (l'acheteur n'entre en possession de son bien qu'à la mort du propriétaire)

• revenus fonciers ➜ argent que rapporte une propriété (terre ou commerce)

• plus-value ➜ augmentation de la valeur d'un bien, (une maison, une action en bourse…) et donc bénéfice provenant de la vente de ce bien

• abattement ➜ somme fixée par la loi et qui est déduite du revenu pour le calcul de la somme imposable

À NOTER

En règle générale, s'il est résident (s'il reste plus de 183 jours par an en France) un étranger est imposé sur les revenus perçus en France et à l'étranger. S'il est non-résident, il est imposé seulement sur ses revenus en France. Dans les deux cas, tous les revenus doivent être déclarés et sont pris en considération dans le calcul du taux d'imposition. Le calcul est fait suivant le nombre de parts (par exemple un couple marié avec un enfant = 2,5 parts) et la «tranche d'imposition» (plus la somme imposable est élevée, plus le pourcentage d'imposition augmente). Pour le paiement de l'impôt on a le choix entre le paiement mensuel (sur demande) et le paiement par «tiers provisionnels» (un tiers de l'impôt payé en février, un autre en mai et le reste entre août et septembre).

Le paiement de l'impôt se fait rétroactivement. Ainsi, un étranger arrivé en France en 1991 fera sa déclaration en février 1992, paiera la totalité de ses impôts sur les revenus de 1991 à la fin de 1992. Puis, en février 1993, il versera le premier tiers provisionnel pour les revenus de 1992 et ainsi de suite. Un étranger ne peut pas quitter la France sans avoir obtenu un «quitus fiscal», c'est-à-dire une attestation certifiant qu'il a payé tous ses impôts.

IMPRIMÉS DE LA POSTE

Pour envoyer une lettre ou un paquet en recommandé

Vous voulez envoyer une lettre ou un paquet important. Pour plus de sécurité, faites votre envoi en recommandé. Le récipissé qui vous sera délivré, constituera la preuve de votre envoi.

– Pour une lettre : mettez simplement l'adresse du destinataire. Pour un paquet : choisissez le taux de recommandation, c'est-à-dire la somme maximale que vous rembourse la poste en cas de perte (somme minimale : R1, maximale : R3, pour l'étranger : Ret).

– Valeur déclarée : si vous désirez un remboursement supérieur au R3 pour un paquet, demandez un imprimé spécial.

– Contre remboursement : si vous voulez que votre correspondant vous rembourse la valeur du paquet et/ou le port (frais d'envoi), demandez un imprimé spécial.

– Si vous voulez une garantie supplémentaire et la preuve écrite et datée que votre correspondant a bien reçu votre lettre ou votre paquet, faites un recommandé avec accusé de réception (AR). Vous recevrez par retour le récipissé (doc. 1) signé de la main de votre destinataire. N'oubliez pas la fiche de douane à remplir pour un paquet à l'étranger.

Pour des envois très urgents

– Chronopost : un service rapide pour les documents et paquets qui peuvent ainsi arriver chez le destinataire en moins de 24 heures en France, entre 24 et 72 heures à l'étranger.

– Postéclair : un service public de courrier électronique qui permet de transmettre en France et à l'étranger la copie d'un document de toute nature : lettre manuscrite ou dactylographiée, schéma, plan, tableau, illustration, etc. Une heure après le dépôt, le pli est à la disposition de votre correspondant dans le bureau de poste le plus proche de chez lui… ou 4 heures plus tard directement chez lui.

Pour envoyer de l'argent : le mandat

– En France : vous pouvez envoyer un mandat-télégramme avec une partie réservée au message que vous voulez joindre à votre envoi.
– À l'étranger : utilisez un mandat de poste international (doc. 2).

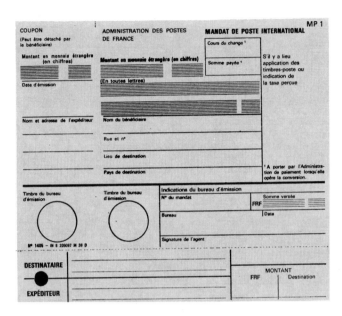

Pour faire suivre son courrier

– Si vous partez en vacances, vos voisins ou vos amis peuvent prendre votre courrier et le mettre dans des enveloppes de réexpédition, disponibles gratuitement à la poste, sur lesquelles vous aurez préalablement écrit votre adresse de vacances.
– Si vous déménagez, remplissez avec soin une semaine à l'avance un ordre de réexpédition définitif. Pensez à apporter une pièce d'identité.
– Si vous n'avez pas d'adresse fixe en France, on peut vous écrire à la poste restante du bureau principal des villes où vous pensez séjourner.
– Si vous ne pouvez pas aller au bureau de poste vous-même retirer un paquet ou une lettre recommandée, donnez votre procuration à une personne qui ira à votre place (fondé de pouvoir). L'imprimé est disponible à la poste.

Le téléphone

– La plupart des cabines téléphoniques fonctionnent avec des télécartes qu'on peut acheter à la poste ou dans les bureaux de tabac. Si votre télécarte ne marche pas, vous devez remplir un imprimé à la poste pour en demander le remboursement.

DEMANDE DE TITRE DE SÉJOUR

cerfa
N° 20.3243

Identification de l'autorité qui reçoit la demande

**DEMANDE
DE TITRE DE SÉJOUR**

Numéro de classement du dossier

LE DEMANDEUR

Première demande [C] Duplicata [D] Modif. d'état civil [S]
Renouvellement [R] Mariage-Divorce [M] Autres modif. [N]

Nom de naissance

Nom d'Epouse (s'il y a lieu)

Prénoms au complet

Sexe [M] [F]

Né(e) le ___ J ___ M ___ A

à Ville ou commune ___ Code pays ___

Nationalité ___ Code ___ En instance de naturalisation [O] [N]

Statut National [N] Réfugié [R] Apatride [A] Complément de statut de réfugié ou d'apatride (s'il y a lieu) ___ Code nationalité ___

Domicile N° ___ Nature de la voie ___ Nom de la voie ___

Code postal ___ Ville ou commune ___

Chez ___

Père Nom ___ Prénoms ___

Mère Nom de naissance ___ Prénoms ___

Conjoint(e) (s'il y a lieu) Situation de famille Célibataire [C] Marié(e) [M] Veuf(ve) [V] Divorcé(e) [D]

Nom de naissance ___

Prénoms ___

Nationalité ___ Code ___ Résidant en France [O] [N]

Nature du titre de séjour ___ N° ___

Signature du demandeur (1)

Enfants Total ___ Français ___ Nés en France ___ Résidents ___
de moins de 16 ans (nombre)

L'ACTIVITÉ PROFESSIONNELLE

Catégorie socio-professionnelle CSP 1 ___ CSP 2 ___

Profession autorisée ___

Limitation géographique ___ ___ (Région ou Départements)

Travailleur salarié Dispensé d'autorisation ___ Soumis à autorisation ___ Soumis à carte de travail ___

Autorisation de travail ou carte de travail valable du ___ J ___ M ___ A au ___ J ___ M ___ A

accordée le ___ J ___ M ___ A par la D^tion Dép^te du travail et de l'emploi de ___

LE TITRE DE SÉJOUR

Titre informatisé N° ___
(s'il y a lieu)

Date de fin de validité ___

Ancien numéro de dossier ou de titre ___

Ancien résident (interruption de séjour) OUI [O] NON [N] Carte N° ___

Entrée en France Date ___ J ___ M ___ A Condition normale [N] Régularisation [R]

Carte délivrée Nature ___ Valable du ___ J ___ M ___ A au ___ J ___ M ___ A

Signature de l'autorité de délivrance (1)
(Nom et qualité du signataire)

Validité territoriale totale [O] [N]

Transfert de dossier [T]

Création obligatoire [F] Décision du ___ J ___ M ___ A

Taxes Séjour [O] [N] Travail [O] [N]

Dépôt de la demande le ___ J ___ M ___ A

(1) Le demandeur et l'autorité de délivrance doivent également signer dans le cadre réservé à cet effet sur la maquette située au verso. →

- Le droit d'accès aux informations prévu par la loi N° 78-17 du 6 janvier 1978 relative à l'informatique, aux fichiers et aux libertés s'exerce auprès de la préfecture de la résidence du demandeur conformément à l'article 5 du décret n° 81-185 du 26 février 1981 portant création d'un système de fabrication des cartes de séjour des étrangers.

– Pour passer des vacances en France, un étranger a besoin ou non d'un visa de tourisme : tout dépend des accords passés avec le pays où il réside, et de sa nationalité. Il doit donc se renseigner auprès de l'ambassade ou du consulat de France dans son pays.

– Pour résider en France, tout étranger doit faire une demande de visa de long séjour, toujours auprès de l'ambassade ou du consulat de France de son pays. Il doit alors fournir des renseignements concernant sa situation familiale, professionnelle ou universitaire, et financière. S'il obtient ce visa (la durée est variable suivant la nationalité et la situation particulière de chaque individu), il doit, une fois arrivé en France, faire une demande de carte de séjour au commissariat de police de son lieu de résidence.

– Depuis 1974 les possibilités, pour un étranger, de travailler en France sont extrêmement limitées, sauf pour les ressortissants des pays de la Communauté économique européenne, et elles sont soumises à la réglementation sur l'immigration.

VOCABULAIRE

• prénoms au complet → tous les prénoms
• statut → national : le demandeur a une nationalité
réfugié : le demandeur a une nationalité, mais pour des raisons politiques ou économiques ne peut plus ou ne veut plus résider dans son pays
apatride : le demandeur n'a plus de nationalité
• catégories socio-professionnelles → on y classe les individus selon leur emploi et la place qu'ils occupent professionnellement dans la hiérarchie sociale ; par exemple les agriculteurs, les artisans, les commerçants, les cadres, les ouvriers, les employés, les professions libérales (médecins, avocats, comptables, etc.) les chefs d'entreprises, etc.
• limitation géographique → le département ou la région où l'étranger est autorisé à travailler
• date de fin de validité → date limite du séjour

À NOTER

– Le demandeur obtient tout d'abord un titre de séjour temporaire (trois mois en général) qu'il ne doit pas oublier de faire renouveler. D'où l'importance de bien noter la «date de fin de validité» sur chaque carte temporaire.
– Les étudiants étrangers doivent, sur présentation d'une attestation de préinscription (cf. p. 70), faire leur demande de carte de séjour avant et non après l'inscription à l'université.
– Tout étranger qui change de domicile doit le signaler dans les huit jours, sous peine d'amende, soit au commissariat de son lieu de résidence, s'il reste dans la même ville, soit à celui de son nouveau domicile s'il change de ville.

FEUILLE DE SOINS

FEUILLE DE SOINS
assurance maladie

cerfa
N° 60-3777

RENSEIGNEMENTS CONCERNANT L'ASSURÉ(E)   (1)

NUMÉRO D'IMMATRICULATION

NOM-Prénom
(suivi s'il y a lieu
du nom d'époux)

ADRESSE

CODE POSTAL

──── **SITUATION DE L'ASSURÉ(E) A LA DATE DES SOINS** ────

☐ ACTIVITÉ SALARIÉE ou arrêt de travail

☐ ACTIVITÉ NON SALARIÉE

☐ SANS EMPLOI ▶ Date de cessation d'activité :

☐ PENSIONNÉ(E)

☐ AUTRE CAS

RENSEIGNEMENTS CONCERNANT LE MALADE   (1)

S'agit-il d'un accident ? ☐ OUI   ☐ NON   Date de cet accident :

Si le malade est PENSIONNÉ DE GUERRE
et si les soins concernent l'affection pour laquelle il est pensionné, cocher cette case ☐

──── **SI LE MALADE N'EST PAS L'ASSURÉ(E)** ────

● NOM

● Prénom   Date de Naissance

● LIEN avec l'assuré(e) : ☐ Conjoint   ☐ Enfant   ☐ Autre membre de la famille   ☐ Personne vivant maritalement avec l'assuré(e)

● Exerce-t-il habituellement une activité professionnelle
ou est-il titulaire d'une pension ?   ☐ OUI   ☐ NON

MODE DE REMBOURSEMENT   (1)

☐ VIREMENT A UN COMPTE POSTAL, BANCAIRE OU DE CAISSE D'ÉPARGNE

Lors de la **première** demande de remboursement par virement à un compte postal, bancaire, ou de caisse d'épargne ou en cas de **changement de compte**, joindre le **relevé d'identité** correspondant.

☐ Autre mode de paiement

(1) Mettre une croix dans la case de la réponse exacte

"LA LOI REND PASSIBLE D'AMENDE ET/OU D'EMPRISONNEMENT QUICONQUE SE REND COUPABLE DE FRAUDES OU DE FAUSSES DÉCLARATIONS (articles L 377-1 du Code de la Sécurité Sociale, 1047 du Code Rural, 150 du Code Pénal)."

J'atteste, sur l'honneur, l'exactitude des renseignements portés ci-dessus.

Signature
de l'assuré(e) ▶

a 3110 d   11/87

fabrègue, saint-yrieix - limoges

Quand vous allez chez le médecin ou à l'hôpital, en échange du règlement de votre consultation, on vous donne une feuille de soins avec l'ordonnance qui vous a été prescrite. Il s'agit d'un formulaire à remplir et à envoyer à votre centre de sécurité sociale (adresse sur votre carte de sécurité sociale).

La Sécurité sociale créée en 1945, est une institution à laquelle les français sont très attachés. Y sont affiliées obligatoirement toutes les personnes, françaises ou étrangères, travaillant en France. Les cotisations sont proportionnelles au salaire perçu.

Comprendre le formulaire et le remplir

Renseignements concernant l'assuré

– L'assuré : la personne qui paie des cotisations pour bénéficier de l'assurance maladie (et donc la personne qui travaille).
– Les ayants droits : les personnes qui bénéficient de l'assurance grâce aux liens qui les unissent à l'assuré.
– Le numéro de sécurité sociale est inscrit sur votre carte de sécurité sociale (et sur votre bulletin de paie). Remplissez clairement le nom, prénom et adresse. Pour les femmes mariées le nom de jeune fille avant le nom d'épouse.

Situation de l'assuré à la date des soins

Mettez une croix dans la case correspondant à votre activité :

– Activité salariée : si vous avez un employeur, celui-ci verse une partie de vos cotisations, l'autre partie est prélevée automatiquement sur votre salaire (cf. votre bulletin de paie).
– Activité non salariée : si vous êtes travailleur indépendant, vous cotisez vous-même directement à un organisme d'assurance maladie rattaché à votre profession.
– Sans emploi : si vous êtes au chômage, indiquez la date à laquelle vous avez arrêté de travailler.
– Pensionné : si vous êtes à la retraite et percevez une pension
– Autre cas : si aucun des cas précédents ne s'applique à vous, expliquez alors le plus clairement possible votre situation.

Renseignements concernant le malade

– Le malade peut être soit l'assuré, soit un ayant droit : conjoint (femme/épouse ou mari/époux), enfant, autre membre de la famille (vérifiez auprès de votre centre de maladie pour savoir sous quelle condition il est possible qu'un autre membre de la famille bénéficie de l'assurance), ou votre ami(e) avec qui vous vivez officiellement sans être marié(e) (concubin/concubine).

– Si l'ayant droit exerce une activité professionnelle ou reçoit une pension il est probable qu'il ait un numéro de sécurité sociale personnel et qu'il soit l'assuré (à vérifier auprès de la caisse).

Mode de remboursement

– Choisissez le mode que vous préférez, le virement direct sur un compte étant souvent préféré au chèque bancaire ou au mandat postal (autre mode de paiement).
– Pour le 1er remboursement, joindre un «relevé d'identité bancaire», attestation délivrée par votre banque avec votre identité, votre numéro de compte et l'adresse de votre banque (ce relevé est parfois sur le relevé mensuel ou bimensuel que vous envoie la banque ou dans votre carnet de chèques).

N'oubliez pas de signer.

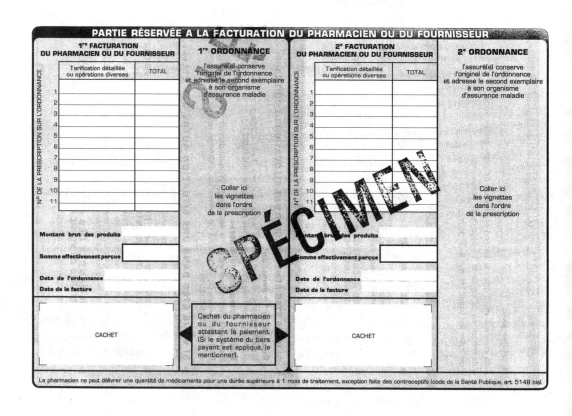

Pièces à joindre

– Le double de l'ordonnance, papier sur lequel le médecin écrit le nom des médicaments.
– Les vignettes, petits papiers auto-collants qu'on trouve sur les boîtes de médicaments doivent être collées à l'emplacement prévu à cet effet, (beaucoup de pharmaciens les collent pour vous, mais pas tous !)
– Pour un 1er remboursement, une attestation annuelle d'activité à demander à votre employeur, une fiche familiale d'état civil du malade s'il n'est pas l'assuré, un relevé d'identité bancaire si vous avez choisi le virement.

À NOTER

Toute feuille incomplète ou mal remplie vous sera renvoyée et retardera la date de votre remboursement (deux à trois semaines). Le taux de remboursement varie selon les médicaments, les soins et le régime social (salarié ou indépendant). Si vous cotisez volontairement à une «mutuelle complémentaire», celle-ci complétera le remboursement. Enfin, si vous oubliez d'envoyer votre feuille de soins, elle ne sera plus valable au bout de deux ans. Pour certains soins (par exemple prothèse dentaire, kinésithérapie, etc.) il faut envoyer une «demande préalable» à la caisse d'assurance, c'est-à-dire avant les soins, pour la prise en charge des frais (cf. Document 5, p. 62).
En France, le patient peut choisir entre la médecine privée ou publique. Dans les deux cas il est remboursé par la sécurité sociale.

Rédiger et présenter
une lettre administrative et commerciale

Une lettre administrative ou commerciale se distingue d'une lettre personnelle par sa présentation et son style.

1. LA PRÉSENTATION

Une lettre commerciale est tapée à la machine et se présente ainsi :

En-tête : nom et adresse pré-imprimés de l'expéditeur. Si on n'utilise pas du papier avec en-tête, le nom et l'adresse de l'expéditeur sont placés en haut à gauche

Mentions spéciales :
N/REF → notre référence, la référence de l'expéditeur. Ex : son numéro d'assurance.
V/REF → votre référence, celle du destinataire. Ex : *Lettre du ...*, ou *Facture n°* ....
L'objet de la lettre → Ex : *Transfert d'assurance.* On peut également indiquer *Lettre recommandée AR* si c'est le cas.

Formule d'appel : *Monsieur, / Madame,...*

Texte de la lettre : il est composé d'une introduction, d'un développement et d'une conclusion.

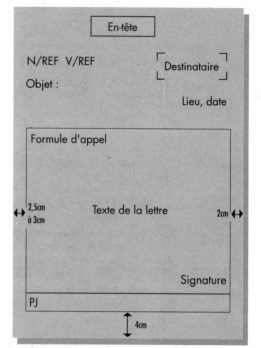

Pour la présentation on adopte de plus en plus la présentation dite à l'américaine, c'est-à-dire sans marquer le début de chaque paragraphe par trois espaces blancs (à la française). Les paragraphes se présentent ainsi comme des blocs rectangulaires alignés.

La signature, avec, au-dessous, le nom de l'expéditeur.

Il est important de respecter les marges.

2. LE STYLE

Il doit être :

soigné et courtois → pas de mots familiers
concis → pas de phrases trop longues ou trop lourdes
logique → mots de liaison appropriés
varié → pas de répétitions
clair → vocabulaire précis

Exemples :

Remplacez des expressions comme *C'est urgent…* par *Il est urgent… ça* par *cela* (ou mieux, précisez au lieu d'utiliser *cela*), *peut-être que* par *il se peut que*. Préférez l'inversion au *est-ce que* : *Est-ce que c'est possible…* ➜ *Serait-il possible*. N'utilisez pas *les gens* et évitez le *on*.

Ex : *On m'a dit que…* ➜ *J'ai appris que…, Il m'a été rapporté / déclaré que…*

Les phrases trop longues ou alourdies par les *que* peuvent être souvent allégées par l'utilisation de substantifs pour remplacer les verbes.

Ex : *Dès que j'ai reçu votre lettre…* ➜ *Dès réception de votre lettre…* ou
     Quand j'ai été licencié… ➜ *Lors de mon licenciement…*

Les phrases doivent se succéder en étant articulées les unes aux autres par un lien logique et donc par l'utilisation des mots de liaison.

Évitez les répétitions, spécialement le *je*.

N'employez pas des mots imprécis tels que *choses, personne* mais précisez ce dont il s'agit. De même des verbes tels que *faire, dire, mettre, voir, aller* peuvent être remplacés suivant le contexte par des verbes plus précis :

Ex : *J'ai mis le chèque à la banque.* ➜ *J'ai encaissé le chèque.*
     Vous avez vu la situation… ➜ *Vous avez constaté la situation…*
(VOIR AUSSI EXERCICE 11 p. 145)

Pour les lettres commerciales le «nous» est généralement utilisé au lieu du «je» car l'expéditeur écrit au nom de la compagnie pour laquelle il travaille.

3. FORMULES À UTILISER

Commencer la lettre

Monsieur, / Madame, : si l'on ne connaît pas la personne ou si l'on entretient des relations purement formelles.

Cher Monsieur, / Chère Madame, : on connaît déjà bien la personne.

Si la personne a un titre, le mentionner : *Monsieur le Maire, Monsieur le Député, Monsieur le Curé… Mon Général, Mon Amiral* (supprimer *mon* si c'est une femme qui écrit), *(Cher) Maître* (pour un avocat), *(Cher) Docteur* (pour un médecin)… *Ma Mère, Ma Sœur* (pour des religieuses)…

Ne pas mettre le nom de famille, ni le prénom (par contre on utilise le prénom pour les lettres personnelles : *Cher Patrick, Chère Juliette*).

Répondre à une lettre
(en rappelant la date)

Comme suite à votre lettre du…, je…
Je vous remercie de votre lettre du…
J'ai bien reçu votre lettre du…
Votre lettre du… a reçu toute mon attention.
C'est avec beaucoup d'intérêt que j'ai pris connaissance de votre lettre du …
En réponse à votre courrier du…
Par votre lettre du…, vous…
Je m'empresse de répondre à votre lettre du…
J'ai l'honneur d'accuser réception de votre lettre…
Votre lettre du… m'est bien parvenue et…

Exprimer sa satisfaction	*Je suis (très) heureux (heureuse) de...* *C'est avec grand plaisir que...* *J'ai le plaisir de...*
Exprimer son regret	*Je regrette (vivement) de...* *Je suis au regret de...* *À mon grand regret, je...* *Je suis dans la pénible obligation de...* *Il m'est malheureusement impossible de...* *Je déplore le fait de...* *Je suis navré(e) de...*
Exprimer sa surprise	*J'ai été étonné(e) d'apprendre, par votre lettre du..., que...* *Je suis surpris(e) de... / de ne pas...*
Écrire pour s'informer	*Je me permets de vous écrire pour vous demander quelques renseignements concernant...* *Auriez-vous l'amabilité de bien vouloir me renseigner sur... / me faire connaître le...* *Je vous serais reconnaissant(e) de bien vouloir m'adresser votre documentation sur...* *Je désirerais avoir de plus amples informations en ce qui concerne ...* *Je prends la liberté de m'adresser à vous pour savoir si ...*
Écrire pour informer	*Je vous informe que...* *Je tiens à vous faire savoir que...* *Je vous écris pour vous annoncer que...*
Écrire pour confirmer et assurer	*Je vous écris pour vous confirmer...* *Je suis toujours disposé(e) à ...* *Je ferai tout mon possible pour...* *Je veillerai à...* *Soyez assuré que...*
Écrire pour réclamer	*Je vous informe qu'à ce jour je n'ai toujours pas...* *Je vous prie de bien vouloir... dans les plus brefs délais... Veuillez me faire parvenir au plus tôt...* *Je suis en droit d'exiger réparation pour...* *À défaut de recevoir... dans un délai de..., je me verrai dans l'obligation de...*
Écrire pour s'excuser	*Je vous prie de bien vouloir m'excuser de...* *Je vous présente toutes mes excuses pour...* *Vous voudrez bien m'excuser de...* *J'espère que vous ne me tiendrez pas rigueur de...*
Écrire pour remercier	*Je vous remercie beaucoup de...* Si l'on veut insister on reprend dans la formule finale de politesse : *Recevez encore, cher monsieur, mes remerciements les plus chaleureux.* *Je vous prie d'agréer, Monsieur, l'expression de ma profonde gratitude.* *En vous remerciant encore, je...*

Se référer à un document officiel
Conformément à (aux)…
Ainsi qu'il est stipulé dans le…
Me fiant à (aux)…

Joindre un document
– dans la même lettre : *Veuillez trouver ci-joint / ci-inclus…*
– dans une autre lettre : *Je vous adresse sous pli séparé…*
Je vous adresse par le même courrier…

Terminer la lettre
En vous remerciant par avance de l'attention que vous voudrez bien porter à cette lettre…
Avec mes remerciements anticipés,…
En vous renouvelant mes excuses/mes remerciements/mes félicitations…
Dans l'attente de votre réponse,…
Dans l'espoir d'une réponse favorable,…
En vous priant de bien vouloir prendre ma lettre / réclamation / candidature / mon offre… en considération,…
Avec encore toutes mes félicitations…

On peut continuer cette phrase finale par les formules de politesse suivantes qui peuvent être également utilisées sans les introductions citées ci-dessus et qui doivent être choisies en fonction des liens qui unissent l'expéditeur et le destinataire :

Très respectueux
Je vous prie d'agréer, Monsieur, l'assurance de ma respectueuse considération / l'assurance de mon profond respect. Je vous prie d'agréer, Madame, mes respectueux hommages (un homme à une femme).

Un fournisseur à un client
Je vous prie d'agréer, Monsieur, l'assurance de mes sentiments dévoués. Veuillez agréer, Monsieur, l'expression de mon sincère dévouement.

Assez neutre et formel
Je vous prie d'agréer, Monsieur, mes salutations distinguées. Veuillez agréer, Monsieur, mes sincères / meilleures salutations. Veuillez croire, Monsieur, à l'assurance de ma courtoise considération / à l'assurance de ma considération distinguée.

Un peu plus amical, mais toujours formel
Je vous prie d'agréer, Monsieur, l'assurance de mes sentiments distingués / l'expression de mes meilleurs sentiments.
Je vous prie de croire, Monsieur, à mes sentiments les meilleurs.

Plus chaleureux, mais toujours formel
Je vous prie d'agréer, cher Monsieur, mes cordiales salutations. Soyez assuré, cher Monsieur, de ma sincère amitié.
Croyez, cher ami, en ma fidèle amitié.

DÉCLARER UN SINISTRE
À SA COMPAGNIE D'ASSURANCES

Monsieur Tino Paoli
Cours Napoléon
20000 Ajaccio

A.P.A.F.
Place de la Résistance
20000 Ajaccio

Lettre recommandée AR
N° de police: MI753679
Objet: déclaration de sinistre

Le 11 février 19...

Messieurs,

Sur votre demande, je vous écris pour vous confirmer le sinistre dont
j'ai été victime et vous donner des précisions concernant les
circonstances de ce vol.

Dans la nuit du 8 au 9 février, alors que j'étais en déplacement pour
raisons professionnelles, mon appartement a été cambriolé. Les
cambrioleurs, après avoir fracturé la serrure de la porte d'entrée et
neutralisé le système d'alarme que j'avais fait installer il y a deux
mois, ont emporté de nombreux objets de valeur (collection de montres
anciennes, chaîne hi-fi, magnétoscope, télévision, entre autres)
ainsi que 3 000 F d'argent liquide. De plus, ils se sont livrés à
diverses déprédations : divan lacéré, rideaux arrachés, moquette
tachée. Ayant été prévenu par la concierge, je suis rentré
précipitamment, ai aussitôt fait une déclaration au commissariat de
police de mon quartier et vous ai téléphoné afin que vous soyez
également informés.

Il ne fait nul doute que ce sinistre relève de la garantie «Vol» énoncée
dans mon contrat d'assurance «Multirisques vie privée».

Je vous demande donc de bien vouloir envoyer au plus tôt un de vos
représentants pour procéder aux constatations d'usage en vue d'une
estimation des dégâts et du règlement de ce sinistre. Vous pouvez me
joindre aux heures de bureau au 92 25 78 16 ou laisser un message à
ma secrétaire.

Je joins un état estimatif des dégâts avec une liste des objets volés,
sous toute réserve.

Je vous prie de recevoir, Messieurs, l'assurance de mes sentiments
distingués.

M. Tino Paoli

P.J. : état estimatif des dégâts

PLAN

Mentions spéciales

Lettre avec accusé de réception – Objet : déclaration de sinistre. Référence : numéro de police – Pièce jointe : état estimatif des dégâts.

Formule d'appel

collective

Corps de la lettre

1. Confirmation d'un appel téléphonique informant la compagnie d'assurance. Nature du sinistre.
2. Récit chronologique des faits. Date (préciser l'heure si on la connaît). Premières constatations : inventaire des dégâts. Notification d'une déclaration au commissariat de police et d'une conversation téléphonique avec l'assureur.
3. Référence à la clause du contrat qui s'applique au sinistre et rappel du type d'assurance.
4. Demande d'un état des lieux par la compagnie d'assurance et numéro de téléphone à contacter pour fixer rendez-vous.
5. Pièce jointe: état estimatif des dégâts.

Formule finale

neutre

MOTS DE LIAISON

de plus, donc

VOCABULAIRE

- un sinistre ➔ fait dommageable de nature à mettre en jeu la garantie d'un assureur (incendie, vol, accident, etc.)
- j'ai été cambriolé ➔ on a volé des objets chez moi
- fracturer ➔ casser
- entre autres ➔ parmi d'autres choses
- de l'argent liquide ➔ argent disponible (pièces et billets)
- lacéré ➔ déchiré à coups de couteaux
- précipitamment ➔ en toute hâte, très vite
- il ne fait nul doute ➔ il est sûr, certain
- relève de la garantie ➔ s'applique à la garantie
- énoncée ➔ citée, écrite
- au plus tôt ➔ le plus rapidement possible
- les constatations d'usage ➔ les constatations habituelles
- en vue de ➔ pour
- vous pouvez me joindre ➔ vous pouvez me contacter.
- sous toute réserve ➔ en me réservant la possibilité d'apporter des rectifications.

À NOTER

Les assurances fournissent des formulaires de «déclaration de sinistre» qui réservent une partie destinée à la description des événements (supprimez alors le paragraphe 2 de la lettre et reportez-le directement sur la déclaration). Si vous avez des factures ou des photos des objets volés, joignez-les à votre lettre (gardez un double). Délai maximum de déclaration : vingt-quatre heures. Prévenez aussi immédiatement le commissariat. Pour les autres sinistres : cinq jours maximum. Gardez un double de la lettre et des documents.

RÉSILIER UN CONTRAT D'ASSURANCE HABITATION À SON TERME

Monsieur Jasper Shaw   Aix-les-Bains, le 12 avril 19..
1055, avenue du Rhône
73100 Aix-les-Bains

Lettre recommandée avec AR   F.E.M.M.
N° de police : 842775433   11, avenue des Tilleuls
Objet: résiliation de contrat   73100 Aix-les-Bains

Monsieur le Directeur,

Me référant aux dispositions de l'article 12 des conditions générales
de mon contrat d'assurance habitation, je vous informe que je désire
résilier cette dernière, souscrite auprès de votre compagnie sous le
numéro cité ci-dessus, à l'expiration de la période triennale, soit
le 16 juillet de cette année.

Je vous prie d'en prendre acte et de m'accuser réception de la présente.

Veuillez agréer, Monsieur le Directeur, mes salutations distinguées.

                                                        M. Shaw

PLAN

Mentions spéciales

Lettre avec accusé de réception.

N° de police d'assurance.

Objet : résiliation d'assurance.

Formule d'appel

précise ; titre du correspondant (directeur)

Corps de la lettre

1. Référence à l'article du contrat concernant les conditions de résiliation. Type de contrat et rappel de la référence (numéro de police). Date précise de la résiliation.

2. Demande d'accusé de réception.

Formule finale

classique, avec reprise du titre du correspondant

VOCABULAIRE

- résilier un contrat → mettre fin à un contrat
- le terme → ici la date à laquelle le contrat peut, soit être «reconduit» (renouvelé), soit annulé ; on dit aussi : «le contrat vient à échéance le…»
- une police d'assurance → un contrat d'assurance
- les dispositions → les points réglés par une loi, un arrêt ou un contrat
- souscrire : on souscrit un contrat d'assurance auprès d'une compagnie (le verbe «souscrire» se conjugue comme «écrire»)
- ci-dessus → mentionné plus haut
- à l'expiration de la période triennale → à la fin de la période de 3 ans
- prendre acte → noter (un fait)
- la présente → cette lettre

À NOTER

Ici, le préavis (délai qui précède la date d'expiration et pendant lequel l'assuré peut résilier le contrat) est de trois mois (cf. la date de la lettre). Il varie selon les contrats. De même, dans certains contrats, on peut résilier chaque année (annuels), dans d'autres, tous les deux ans (bi-annuels) ou, comme ici, tous les trois ans (triennaux)… et même tous les cinq ans.

Vérifiez sur vos contrats. Pour une résiliation d'un contrat à son terme, il n'y a pas de raison à donner, mais pour une résiliation avant son terme, la raison doit être précisée et être prévue dans le contrat d'assurance (cf. «conditions générales du contrat») au risque d'avoir à payer la prime d'assurance jusqu'à son terme.

Gardez un double de la lettre.

TRANSFÉRER UNE ASSURANCE AUTOMOBILE

Monsieur Ettore Plazi
1022, quai des Brumes
64100 Bayonne

S.V.V.
10, rue Blanche
64100 Bayonne

Recommandé avec AR
N° de police : 739551T
Objet : Tranfert d'assurance

Bayonne, le 13 février 19...

Monsieur,

Comme suite à notre conversation téléphonique, je vous confirme que le véhicule Fiat 126 immatriculé 8437 SF 06, assuré chez vous, a été vendu.

En conséquence, je vous demande le transfert de mon assurance à compter de ce jour, en gardant la même couverture de risques, sur le véhicule que je viens d'acquérir :

N° d'immatriculation : 2235 UY 64
Marque : Renault
Puissance : 7 CV
Type : 134000
N° dans la série du type : 90090778
Date de la remise en circulation : 4-5-1989.

J'aimerais également connaître le taux exact de mon bonus actuel.

Je vous prie enfin de bien vouloir me faire parvenir au plus tôt le certificat d'assurance ainsi qu'un formulaire de constat amiable car je n'en ai pas.

Veuillez agréer, Monsieur, mes salutations distinguées.

Ettore Plazi

PLAN

Mentions spéciales

Recommandé avec AR.
Référence : n° de la police d'assurance.
Objet : transfert d'assurance.

Formule d'appel

simple

Corps de la lettre

1. Référence à un appel téléphonique à la compagnie d'assurance pour un transfert. Numéro d'immatriculation et marque du véhicule assuré. Raison du transfert (vente).
2. Demande de transfert, date, type d'assurance.
3. Descriptif complet du véhicule à assurer (ou joindre une photocopie de la carte grise).
4. Demande d'information concernant le taux du bonus.
5. Demande d'imprimé.

Formule finale

neutre

MOTS DE LIAISON

en conséquence, également, enfin

VOCABULAIRE

- comme suite à → faisant suite à
- de ce jour → d'aujourd'hui
- à compter du... → à partir du... → à dater du...
- en gardant la même couverture de risques → en maintenant le même type d'assurance
- acquérir → acheter
- j'aimerais avoir confirmation de votre part → j'aimerais que vous me confirmiez
- me faire parvenir → m'envoyer
- bonus → réduction des cotisations d'assurance accordée aux «bons conducteurs» (qui n'ont pas eu d'accident)
- malus → majoration aux «mauvais conducteurs»
- constat amiable → imprimé de déclaration qu'on utilise lors d'un accident automobile pour décrire les circonstances de l'accident (cf. p. 68)

À NOTER

Vous pouvez prévenir votre assurance par téléphone ou en envoyant un télégramme, mais vous devez confirmer par lettre. Si le véhicule à assurer a plus de cinq ans, l'assureur peut vous demander l'«auto-bilan» ou «contrôle technique» du véhicule effectué dans des centres agréés, qui est obligatoire pour vendre un véhicule (liste des centres agréés dans les préfectures et les commissariats de police).

Le bonus ou le malus sont normalement automatiquement transférés sur le nouveau véhicule. Si votre précédent véhicule a été assuré hors de France, demandez votre relevé de «bonus» s'il existe le même système dans votre pays, pour négocier des conditions avantageuses avec votre assureur français.

RÉDIGER UN CERTIFICAT DE TRAVAIL

```
                        CERTIFICAT DE TRAVAIL


Je, soussignée madame Mitsuko, demeurant 20, avenue du Général
Leclerc, 92 Meudon-la-Forêt, certifie que madame Julie Pontani,
domiciliée 3, rue Jean Jaurès, Meudon-la-Forêt, a été employée à mon
service en qualité de femme de ménage, du 15 janvier 19..  au 30
juillet 19..
Elle me quitte libre de tout engagement.

Je recommande madame Pontani à toute personne désireuse d'employer
une personne travailleuse, sérieuse et digne de confiance.


        Fait à Milly-la-Forêt, le 30 juillet 19.. pour servir et
        valoir ce que de droit.


                                              Akiko Mitsuko
```

PLAN Pas de formule d'appel, simple intitulé : certificat ou attestation de travail.

Nom, prénom, adresse (éventuellement profession) de l'employeur.
Nom, prénom, adresse de l'employé(e).
Fonction ou poste occupé par l'employé(e).
Dates précises de l'embauche (début du travail) et du licenciement ou du départ volontaire de l'employé (fin du travail).

Remarques positives sur le travail de l'employé(e) (facultatif).

Lieu et date.
Formule d'usage.

94

VOCABULAIRE

- l'employeur ➜ celui qui emploie une autre personne
- l'employé(e) ou salarié(e) ➜ celui qui est employé
- je, soussigné(e) (+ nom et prénom), est une formule habituelle pour toute attestation
- demeurant ➜ habitant ➜ domicilié(e)
- employé(e) à mon service ➜ formule utilisée pour une personne qui travaille directement pour vous. S'il s'agit d'une entreprise : «a occupé le poste de...»
- en qualité de... ➜ comme
- libre de tout engagement ➜ elle n'est plus liée par aucun contrat
- pour servir et valoir ce que de droit ➜ formule utilisée pour les attestations

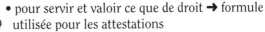

À NOTER

DIFFÉRENCE ENTRE CERTIFICAT DE TRAVAIL ET RECOMMANDATION

Tout employé a le droit de demander un certificat de travail et tout employeur l'obligation de le lui donner. Le certificat de travail est une simple attestation. Néanmoins l'employeur peut, comme dans cet exemple, ajouter une appréciation positive, mais n'a pas le droit d'émettre un jugement négatif.

Une recommandation est une appréciation de l'employeur qui, après avoir énoncé les points ci-dessus, porte un jugement sur le travail de l'employé et les qualités de ce dernier.

Il peut mentionner :
- la cause du départ (départ volontaire, licenciement économique, fin du contrat...) ;
- le descriptif détaillé du poste occupé et les résultats obtenus ;
- les qualités personnelles et professionnelles de l'employé.

Exemple d'adjectifs : travailleur/euse, honnête, consciencieux, dynamique, organisé(e), compétent(e), efficace, sérieux/euse, qualifié(e), brillant(e) etc.

Autres qualités : esprit d'initiative, sens des responsabilités, professionnalisme, esprit d'équipe, créativité, etc.

Expressions : «il/elle a su... (+ verbe)» ; «il/elle s'est distingué(e) par... (+ nom)» ; «il/elle a fait preuve de... (+ nom)».

- Éventuellement vœux de succès dans le nouveau travail.

ÉTABLIR UNE ATTESTATION OU UN TÉMOIGNAGE

```
                        ATTESTATION


Je soussigné(e) :

Nom et prénom ...........................
Né(e) le ................................
de nationalité ..........................
Domicilié(e) ............................

déclare ne pas être parent(e) ni allié(e) avec Mme D… :
déclare ne pas employer Mme D…, ni être son employé(e) ;
atteste avoir été témoin direct des faits énoncés ci-dessous:

    ...................................................

    ...................................................

    ...................................................

Je suis averti(e) que l'attestation que je viens de rédiger pourra
être produite en justice. J'autorise Mme D… à la verser devant le
tribunal. Je suis par ailleurs informé(e) qu'une fausse attestation
ou qu'une attestation mensongère m'exposerait à des sanctions
pénales.

        Fait à..........le .........


        Signature du témoin


P.J. : photocopie de ma carte de séjour
```

PLAN

Pas de formule d'appel

titre (facultatif : attestation ou témoignage.)

Formule habituelle *Je, soussigné(e)* suivie de l'état civil du déclarant (nom, prénom, date de naissance, nationalité) et de son adresse.
Lien ou non avec la personne concernée (lien de famille ou de travail).
Description des faits dont le déclarant a été témoin (lieu et date).
Autorisation d'utiliser ce témoignage devant la justice et acceptation d'engager sa responsabilité.
Lieu, date et signature.

Pièce jointe

carte de séjour ou autre pièce d'identité

Important : ce témoignage doit être absolument écrit à la main.

VOCABULAIRE

• avoir été témoin des faits énoncés ci-dessous ➜ avoir vu ce que je décris ci-dessous
• produite en justice ➜ montrée dans un procès, utilisée pour une action judiciaire
• verser une attestation devant le tribunal ➜ donner cette attestation au tribunal
• mensongère ➜ non conforme à la vérité
• une sanction ➜ une mesure répressive (amende ou emprisonnement...)

À NOTER

Un témoignage peut vous être demandé non seulement par une personne mais aussi par la justice elle-même, par une compagnie d'assurance ou un service administratif dans diverses circonstances. Libre à vous d'accepter ou non de rédiger un témoignage.

Selon le type de procès, c'est à la justice de décider si, du fait du lien qui existe entre vous et la personne qui va utiliser votre témoignage, votre attestation a une valeur.

Si le témoignage est signé officiellement (devant un maire, un notaire, un huissier...) c'est un «acte authentique», sinon c'est un «acte sous seing privé».

Un témoignage doit être précis et concis (pas trop long).

RECONNAÎTRE UNE DETTE ET S'ENGAGER À LA REMBOURSER

RECONNAISSANCE DE DETTE

Je soussigné, Rolf SAVRUD, artiste peintre, domicilié 10, rue Salvador Allende 49000 Angers, reconnaît devoir la somme de 20 000 F (vingt mille francs) à Jean BASTIEN, architecte, 3, square Jeanne d'Arc, 49100 Angers.

Cette somme m'a été prêtée moyennant un intérêt de 3 %. Je m'engage à payer mensuellement la somme de 2 000 F et à avoir remboursé la somme totale, principal et intérêts, le   1er septembre 19..

Angers, le 1er novembre 19...

Rolf SAVRUD

AUTORISER UNE PERSONNE À AGIR EN VOTRE NOM

PROCURATION

Je soussigné(e)... [Nom, prénom(s), date et lieu de naissance, nationalité, adresse]

déclare donner procuration à Monsieur/Madame/Mademoiselle. [Nom, prénom(s), date et lieu de naissance, nationalité, adresse] pour ...[précisez pour quelle circonstance vous «donnez pouvoir» à cette personne].

Fait à... [lieu], le... [date]

Signature

Reconnaissance de dette

PLAN

Titre facultatif.
Je soussigné(e) + nom, prénom, profession, adresse du débiteur.
Somme empruntée en chiffres et lettres.
Nom, prénom, profession, adresse du créancier.
Montant des intérêts et mode de paiement (à décider par les deux parties).
Date limite de paiement.
Lieu, date et signature.

À ajouter à la main avant la signature: *Lu et approuvé. Bon pour la somme de* [somme en lettres]…

VOCABULAIRE

• le débiteur ➜ l'emprunteur ➜ celui qui doit l'argent
• le créancier ➜ le prêteur ➜ celui qui prête l'argent
• moyennant ➜ ici, à condition de (verser des intérêts de… %)
• principal ➜ somme d'origine

Procuration

PLAN

Titre facultatif.
Je soussigné(e) + état civil du mandant, profession, adresse.
État civil du mandataire + profession + adresse.
Circonstance pour laquelle la procuration peut être utilisée.

À ajouter à la main avant la signature : *Bon pour pouvoir.*

VOCABULAIRE

• le mandant ➜ celui qui fait la procuration
• le mandataire (ou «fondé de pouvoir») ➜ celui qui reçoit la procuration et qui peut donc agir au nom du mandant

Garantie pour le prêteur et engagement pour l'emprunteur, la reconnnaissance de dettes peut ou non être légalisée à l'Hôtel des impôts ou à la perception (timbre fiscal).

De même, la procuration peut être aussi légalisée chez un notaire. De plus, il existe des formulaires de procuration à la poste (pour faire exécuter diverses opérations par une autre personne), à la mairie, etc.

Ces deux attestations illustrent bien le dicton : «Les paroles s'en vont, les écrits restent.»

En cas de refus de paiement d'une dette pour une créance de nature commerciale, s'adresser au tribunal de commerce et, pour une créance civile, au tribunal d'instance.

EFFECTUER DES OPÉRATIONS BANCAIRES

```
                    ORDRE DE VIREMENT

Messieurs,

Je vous prie de bien vouloir faire virer la somme de 5000 F, cinq
mille francs, au crédit du compte de Mademoiselle Sylvie TIBET
n° 4857732 à l'agence de la BNP, 5, rue de Paris à Meudon (92) en
débitant mon compte n° 25973001 de ce montant.

Veuillez agréer, Messieurs, mes meilleures salutations.
```

```
                    VERSEMENT DE CHÈQUES

Messieurs,

Je vous serais obligé de bien vouloir créditer mon compte courant
n° 4658993 des deux chèques ci-joints : l'un d'un montant de
six cent trente-cinq francs de la Société Générale, l'autre de deux
mille sept cents francs du Crédit Agricole, établis à mon ordre.

Veuillez me faire parvenir les bordereaux de remise de chèques
correspondants.

Je vous prie d'agréer, Messieurs, mes salutations distinguées.
```

```
                    OPPOSITION À UN CHÈQUE

Monsieur le Directeur,


Je vous écris pour faire opposition au chèque n° 75589963 d'un
montant de 2 300 F, deux mille trois cents francs, à l'ordre de
Monsieur Aymard en date du 1er août 1989.
Ce chèque a été perdu.

Je vous prie d'agréer, Monsieur le Directeur, l'expression de mes
salutations distinguées.
```

Ordre de virement

La somme à virer (en chiffres et en lettres).
Le compte à créditer (titulaire, numéro, banque).
Le compte à débiter (rappel du numéro de compte).

Versement de chèque

Rappel du numéro de compte à créditer.
Montant du ou des chèques déposés et nom de la banque émettrice.
Possibilité d'écrire sur une carte de visite.

Opposition à un chèque

Numéro du chèque, ordre (nom de la personne à qui vous avez fait le chèque), montant et date d'émission.
Cause de l'opposition (perte ou vol). Possibilité d'envoyer un télégramme.

VOCABULAIRE

• le titulaire d'un compte → celui à qui appartient le compte
• virer une somme sur un compte → transférer directement une somme d'un compte à l'autre
• débiter un compte → soustraire, prélever une somme d'un compte ; le contraire est créditer un compte
• un compte courant → un compte de particulier (il existe aussi des comptes commerciaux)
• deux chèques ci-joints («s» à «ci-joint» placé après le nom) ; placé avant le nom, il ne prend pas de «s» : «Veuillez trouver ci-joint deux chèques…»
• chèque établi à mon ordre → à mon nom / à l'ordre de M. X
• un bordereau → énumération écrite, à titre analytique ou récapitulatif, de documents, actes, comptes, effets de commerce, etc.
• faire opposition à un chèque → s'opposer au paiement

Quelques conseils pour toutes ces opérations bancaires : envoyez la lettre en recommandé, gardez une photocopie, vérifiez l'exactitude des numéros de compte et des montants des sommes citées.

Certaines banques ont prévu un imprimé spécial que vous pouvez détacher de votre carnet de chèques et joindre, sans autre explication, aux chèques à encaisser, ou proposent à côté des distributeurs automatiques, des imprimés du même type. Enfin, vous pouvez demander un carnet de «remise de chèques» si vous avez des chèques à déposer régulièrement (se renseigner auprès de la banque).

Pour l'opposition d'un chèque (service payant), ou la perte ou le vol d'un chéquier, il est important d'agir vite : si vous ne pouvez pas aller à la banque, envoyez un télégramme (un coup de téléphone n'est pas suffisant). Si vous perdez un chèque dont vous êtes le bénéficiaire, signalez-le à celui qui vous a signé ce chèque (le signataire / le tireur). Ce sera à lui de faire opposition avant de vous remettre un nouveau chèque.

ANNULER UNE COMMANDE

Karen Cohen   Le 10 décembre 19..
Allée Jean Moulin
38650 Treffort

Lettre recommandée AR   Catalogue PRATIK
Objet: annulation de commande   5, avenue du Colonel Meyère
                                        59100 Roubaix

Messieurs,

Je tiens à vous faire part de mon mécontentement car je n'ai toujours
pas reçu la commande que je vous ai adressée le 8 novembre.

À deux reprises déjà, j'ai contacté vos services par téléphone et il
m'a été répondu chaque fois que ma commande avait bien été
enregistrée et qu'elle ne saurait tarder.

La patience a des limites et vos délais de livraison sont largement
dépassés. De plus, je vous signale que les articles commandés étaient
des cadeaux que j'avais l'intention d'offrir à Noël...

En conséquence, s'il ne vous est pas possible de me livrer sous
huitaine, j'annule tout simplement cette commande, me référant à
l'article 1610 du code civil qui m'y autorise. Je vous prierai alors
de procéder au remboursement immédiat de la somme que je vous ai
versée.

Dans l'attente d'une prompte réponse de votre part, veuillez agréer,
Messieurs, mes salutations distinguées.

                                                Mlle K. Cohen

PLAN

Mentions spéciales

Lettre recommandée avec AR.
Objet de la lettre : annulation de commande.

Formule d'appel

collective

Corps de la lettre

1. Objet de la lettre, date de la commande. Expression de l'insatisfaction.
2. Démarches antérieures du client (deux coups de téléphone) et résultats.
3. Constatation du non-respect des délais (éventuellement à préciser) et conséquences pour le client.
4. Intention d'annuler la commande (délai d'une semaine accordé) et de demander un remboursement. Référence à la loi.

Formule finale

avec demande de réponse rapide

MOTS DE LIAISON

de plus, en conséquence, alors

VOCABULAIRE

• je tiens à ➔ je veux absolument
• faire part à quelqu'un de quelque chose ➔ informer quelqu'un de quelque chose
• à deux reprises ➔ deux fois
• elle ne saurait tarder ➔ (verbe «savoir») ➔ elle devrait arriver bientôt
• sous huitaine ➔ dans les huit jours qui viennent (huit jours ➔ une semaine et quinze jours ➔ deux semaines)
• le code civil ➔ livre contenant les articles de lois qui réglementent la vie quotidienne
• verser une somme ➔ régler une somme
• une prompte réponse ➔ une réponse rapide

Si vous aviez joint un chèque à votre commande, vérifiez si votre compte a été débité de cette somme et signalez-le dans la lettre.

En général, vous pouvez annuler votre commande quand le délai prévu a été dépassé de deux semaines et si vous n'avez reçu aucune nouvelle.

Si vous êtes mécontent d'un service ou d'un produit, vous pouvez vous adresser à la Direction départementale de la concurrence, de la consommation et de la répression des fraudes.

PASSER UNE COMMANDE PAR CORRESPONDANCE

Marietta Moreni
13, rue des Chapeliers
69007 Lyon

Boutique du musée du Louvre
Place du Carrousel
75001 Paris

Le 21 novembre 19..

Messieurs,

Lors d'un voyage à Paris l'année dernière, j'ai acheté dans la boutique du musée du Louvre plusieurs reproductions de statuettes et bijoux anciens.

J'aimerais savoir à présent si vous avez toujours parmi vos articles une broche, plaquée or, représentant une colombe et qui est en fait une reproduction d'une broche gallo-romaine. Dans l'affirmative, pourriez-vous me dire si je peux me la procurer par correspondance, contre-remboursement, et m'en indiquer le prix exact (ttc. et frais de port inclus).

Publiez-vous un catalogue de vente par correspondance ?
Si oui, auriez-vous l'amabilité de me faire savoir comment je pourrais l'obtenir ?

Avec mes remerciements anticipés, je vous prie d'agréer, Messieurs, mes meilleures salutations.

Mme Moreni

PLAN

Formule d'appel
collective

Corps de la lettre
1. Circonstances dans lesquelles la cliente a pris connaissance de l'article qu'elle désire commander.
2. Demande de renseignements sur l'article : est-il en stock ? Prix et conditions de vente.
3. Demande de catalogue.

Formule finale
remerciements et simple formule de politesse

VOCABULAIRE

• lors de ➜ au cours de ➜ pendant
• à présent ➜ maintenant
• dans l'affirmative ➜ si oui...
• se procurer ➜ réussir à avoir
• contre-remboursement ➜ on paie la facture à la livraison de la commande
• ttc. ➜ toutes taxes comprises
• les frais de port ➜ les frais d'envoi (emballage, timbres ou transport)

Il existe plusieurs expressions pour indiquer comment sont réglés les frais de port :

– franco de port ➜ le port est payé par le fournisseur (le vendeur) et à sa charge. Le client n'a rien à payer.

– port payé ➜ le port est payé par le fournisseur mais il est à la charge du client, c'est-à-dire que ces frais sont compris dans la facture qu'il paie.

– port dû ➜ les frais de port ne sont pas inclus dans la facture ni réglés par le fournisseur. C'est le client qui doit les régler à la réception de la marchandise.

De nombreux catalogues de vente par correspondance, qu'on peut trouver chez les marchands de journaux, proposent des formulaires de bons de commande simplifiés.

DEMANDER UNE COPIE DE DIPLÔME

John Bright
15, impasse des Lilas
42100 Saint-Étienne

Saint-Étienne,
le 4 juin 19..

Université des Lettres
et des Sciences Humaines
Service des attestations
12, avenue de la Liberté
31500 Toulouse

Monsieur,

Je me permets de vous écrire afin de vous demander une copie du diplôme que j'ai obtenu à l'université de Toulouse : il s'agit du DEUG de lettres modernes que j'ai passé avec succès en juin 1987, avec mention «bien».

Au cours de déménagements successifs, j'ai égaré l'original de ce diplôme. Or, à présent je dois constituer un dossier d'inscription pour poursuivre mes études dans mon pays et faire une demande de bourse. C'est pourquoi je vous serai reconnaissant de bien vouloir m'adresser une copie certifiée conforme de ce diplôme ou, à défaut, une attestation prouvant que j'ai bien obtenu les unités de valeur qui le composent. Sans ce papier officiel, ma demande de bourse sera rejetée.

Veuillez trouver ci-joint une enveloppe affranchie et libellée à mon nom.

Avec mes remerciements anticipés, je vous prie d'agréer, Monsieur, mes meilleures salutations.

John Bright

PLAN

Formule d'appel
> neutre

Corps de la lettre
> 1. Demande de copie de diplôme.
> Références : université, intitulé du diplôme, matière, date, mention (ou non).
> 2. Raisons de la demande : perte, constitution d'un dossier de bourse.
> 3. Pièce jointe : enveloppe.

Formule finale
> remerciements et formule neutre

MOTS DE LIAISON

or, c'est pourquoi

VOCABULAIRE

- il s'agit → c'est, cela concerne
- DEUG → diplôme d'études universitaires générales
- une mention → une distinction accordée à une personne (ou à un ouvrage) dans un concours ou un examen. Quatre sortes de mentions : passable, assez bien, bien, très bien. En général, on ne signale pas une mention passable, on dit simplement qu'on a réussi l'examen («passer» l'examen ne signifie pas qu'on l'a réussi !)
- égarer → perdre
- unité de valeur (UV) : les contenus d'enseignement correspondant à chaque diplôme sont répartis en un certain nombre d'UV, de différentes matières, sanctionnées chacune par des examens
- un dossier d'inscription → l'ensemble des pièces nécessaires pour s'inscrire
- une bourse → une aide financière de l'État (ou éventuellement d'un organisme privé) pour financer (intégralement ou en partie) les études
- à défaut → si ce n'est pas possible
- une copie certifiée conforme → une photocopie qui a été déclarée conforme par les services de la mairie sur présentation du document original. Les agents diplomatiques ou consulaires de la France à l'étranger peuvent aussi délivrer des copies conformes
- une enveloppe affranchie → timbrée
- libellée à mon nom → avec mon adresse

À NOTER

Gardez précieusement vos diplômes car normalement il n'est délivré aucune copie ni duplicata et il est probable que cet étudiant n'obtiendra qu'une attestation.

Dans l'espoir d'une réponse plus rapide, joignez à toute demande de document officiel une enveloppe timbrée et libellée.

S'INSCRIRE À UNE UNIVERSITÉ FRANÇAISE

Anna Silberding
Ottolaan 32
Emmen
Pays-Bas

Ambassade de France
Smidsplein 1
Amsterdam

Le 3 décembre 19..

Monsieur,

En juin de l'année prochaine j'achèverai mes études secondaires à Emmen et j'ai l'intention ensuite de passer 2 ou 3 ans dans une université française.

J'étudie le français depuis 5 ans et le parle assez bien, mais je désirerais parfaire encore mes connaissances dans l'espoir de pouvoir un jour l'enseigner dans mon pays.

Auriez-vous donc l'amabilité de bien vouloir m'envoyer à l'adresse ci-dessus un dossier de pré-inscription ainsi que la liste des Départements de Lettres de Paris et de la région parisienne.

Veuillez trouver ci-joint une enveloppe libellée à mon nom.

En vous remerciant par avance, je vous prie d'agréer, Monsieur, mes meilleures salutations.

Anna Silberding

PLAN

Formule d'appel
neutre

Corps de la lettre
1. Présentation, niveau d'études, ville (éventuellement nom de l'établissement fréquenté c'est à dire l'école, le lycée ou le collège où l'on fait ses études), projet d'inscription.

2. Niveau en français, objectif des études.

3. Demande d'un dossier de pré-inscription et d'une liste de départements de lettres.

4. Pièce jointe : enveloppe (nom, adresse complète et pays).

Formule finale
simple avec remerciements

MOTS DE LIAISON **donc**

VOCABULAIRE
• parfaire ses connaissances
➜ se perfectionner
• un dossier de pré-inscription ➜ un ensemble de formulaires à remplir, de renseignements à fournir et de pièces à envoyer pour ensuite, s'il est accepté, pouvoir retirer un dossier d'inscription

À NOTER

– Les universités, établissements publics d'enseignement supérieur, sont organisées en unités de formation et de recherche (UFR) regroupant certaines disciplines (par exemple : sciences de la terre, sciences des textes et documents etc.) qu'on appelle aussi départements d'enseignement. Depuis 1969 chaque université est indépendante adminis-trativement, pédagogiquement et financièrement. Avant, l'université était divisée en «facultés» (facultés de lettres, de sciences, etc.) d'où l'expression familière, toujours utilisée par les étudiants, «aller à la fac» (aller à la faculté : aller à l'université).

– Les études sont organisées sur trois cycles :

le 1er cycle : les deux premières années d'études préparent au DEUG (diplôme d'études universitaires générales) ;

le 2e cycle : la 3e année d'études prépare à la licence et la 4e année à la maîtrise ;

le 3e cycle : à la fin de la 1re année on présente le DESS (diplôme d'études supérieures spécialisées) ou le DEA (diplôme d'études supérieures approfondies). Les années suivantes sont consacrées à la préparation du doctorat.

– À côté de l'université, il existe aussi pour l'enseignement supérieur des instituts universitaires de technologie (IUT), des écoles spécialisées et des «grandes écoles» auxquelles on accède par concours c'est-à-dire après un examen très sélectif dont la réussite est fonction du nombre de places proposées et qu'on prépare généralement pendant un ou deux ans après le bac dans des «classes préparatoires».

ÉCRIRE À UN PROFESSEUR

LETTRE D'EXCUSES POUR L'ABSENCE D'UN ENFANT

D'un parent d'élève à une institutrice du primaire

Je vous prie de bien vouloir excuser mon fils Jake qui sera absent du 20 au 26 mai. En effet, nous devons nous rendre quelques jours en Angleterre à l'occasion du mariage de ma nièce.

Toutefois j'espère que cette absence ne portera pas préjudice au travail de Jake et qu'il pourra rattraper leçons et devoirs dès son retour.

En vous remerciant par avance de votre compréhension, je vous prie de croire, chère Madame, à mes sentiments respectueux.

DEMANDES DE RENDEZ-VOUS À UN PROFESSEUR

D'un parent d'élève à un professeur du secondaire

Examinant régulièrement les relevés de notes de mon fils Paul, élève de 5e, j'ai constaté ces derniers mois que ses résultats en mathématiques sont en baisse. En outre, il néglige de plus en plus son travail à la maison.

C'est pourquoi j'aimerais avoir un entretien avec vous pour déterminer les causes de ce relâchement et trouver des solutions pour y remédier.

Aussi vous serais-je reconnaissant de me communiquer vos jours et heures de réception.

Je vous prie d'agréer, Monsieur, mes salutations respectueuses.

À noter : Cette demande peut être également rédigée sur le «carnet de correspondance» de l'élève.

D'un étudiant à un professeur d'université

Espérant être reçu à mes examens de fin d'année et obtenir ainsi ma licence de lettres appliquées, je désirerais présenter mon mémoire de maîtrise sous votre direction l'année prochaine.

Pourriez-vous donc m'accorder un rendez-vous à votre convenance pour me faire part de votre décision et définir dès à présent le sujet sur lequel je pourrais travailler.

Dans l'attente de votre réponse, je vous prie d'accepter, Monsieur, mes respectueuses salutations.

PLAN

Lettre d'excuses

1. Annonce de la période d'absence et raisons.
2. Expression de la volonté de ne pas perturber les études de l'enfant.

Demande de rendez-vous à un professeur du secondaire

1. Constatation de résultats en baisse et d'un manque de travail.
2. But de la demande : recherche des causes et d'une solution.
3. Demande de rendez-vous (jour et heure).

Demande de rendez-vous à un professeur d'université

1. Situation de l'étudiant (année d'études) et projet.
2. But de la demande : direction et sujet de mémoire.

Dans les trois lettres la formule finale est respectueuse. De plus il est important de rappeler le nom de l'élève et la classe.
Ces lettres doivent être écrites à la main.

MOTS DE LIAISON

en effet, toutefois, en outre, c'est pourquoi, aussi, donc

VOCABULAIRE

- se rendre quelque part ➜ aller quelque part
- porter préjudice à quelqu'un, à quelque chose ➜ causer du tort
- des résultats en baisse ➜ des résultats moins bons qu'avant
- un relâchement ➜ se relâcher ➜ fournir moins d'efforts
- licence, maîtrise (VOIR DOCUMENT «INSCRIPTION À L'UNIVERSITÉ» p. 109)

À NOTER

– L'école est obligatoire en France de six ans à seize ans. Cependant, beaucoup d'enfants fréquentent dès l'âge de trois ans l'école maternelle qui est publique et gratuite.

• L'école primaire : avec l'école maternelle, elle constitue l'enseignement du 1er degré et accueille les enfants de six à onze ans. Les élèves (écoliers) ont un seul professeur (un instituteur ou une institutrice).
• L'enseignement du 2nd degré comprend le collège et le lycée. Au collège (classes de 6e, 5e, 4e et 3e) les collégiens ont plusieurs enseignants (professeurs), un pour chaque matière étudiée. À la fin du collège, tous les élèves peuvent présenter le brevet des collèges.

Mais certains sont ensuite orientés vers des études courtes préparant à un métier alors que ceux qui sont aptes à continuer des études longues vont au lycée où, après trois ans d'études (classes de seconde, première et terminale), ils présenteront le baccalauréat (bac). Ce diplôme qui sanctionne la fin des études secondaires est déjà orienté vers un domaine, (A littérature, B économie, C sciences physiques et mathématiques, D sciences naturelles et maths, ou une spécialité, E informatique, par exemple).

– Il existe des écoles publiques (gratuites) et des écoles privées et payantes.

S'EXCUSER POUR UNE DÉCLARATION D'IMPÔTS INCOMPLÈTE

M. Jack Stingy
3, Square du Docteur Blanche
75016 Paris

Monsieur le Contrôleur
Centre des impôts
37, rue Molitor
75016 Paris

Paris, le 3 février 19..

Monsieur le Contrôleur,

Je me permets de joindre cette lettre à ma déclaration de revenus pour vous signaler que je n'ai pas pu fournir les pièces justificatives suivantes :

- Attestation d'assurance-vie.
- Décompte des intérêts de l'emprunt que j'ai contracté auprès d'une banque britannique pour l'acquisition de ma résidence principale.

En effet, malgré mes demandes réitérées, ces attestations ne me sont toujours pas parvenues à ce jour, ceci étant probablement dû aux perturbations dans la distribution du courrier.

En bref, j'espère que vous ne me tiendrez pas rigueur de ce retard. Soyez assuré que je ne manquerai pas de vous transmettre lesdits justificatifs dès réception.

En vous remerciant par avance de votre compréhension, je vous prie d'agréer, Monsieur le Contrôleur, mes salutations respectueuses.

M. Stingy

PLAN

Formule d'appel

nominative

Corps de la lettre

1. Objet de la lettre : pièces manquantes.
2. Liste des pièces.
3. Justification et cause supposée.
4. Appel à la compréhension et promesse d'envoi rapide.

Formule finale

respectueuse avec remerciements

MOTS DE LIAISON

en effet, en bref

VOCABULAIRE

• fournir ➜ donner, apporter
• un décompte ➜ une présentation détaillée d'une somme payée ou à payer
• contracter un emprunt auprès d'une banque ➜ faire un emprunt
• pour l'acquisition de ma maison ➜ pour acheter ma maison
• réitérées ➜ répétées
• dû ➜ participe passé du verbe «devoir» (l'accent circonflexe disparaît au pluriel et au féminin singulier et pluriel)
• ne pas tenir rigueur à quelqu'un ➜ pardonner à quelqu'un
• ne pas manquer de ➜ ne pas oublier, ne pas omettre de
• ledit, ladite, lesdits, lesdites, dudit, etc. (en un mot) ➜ la personne ou la chose dont on vient de parler
• dès réception ➜ dès que je les aurais reçus

À NOTER

– Toute personne, française ou étrangère, gagnant de l'argent en France et résidant dans le pays, doit remplir chaque année en février une «déclaration des revenus» (cf p. 72). Ici, les papiers manquants sont des «charges déductibles» (qu'on peut déduire) à déclarer et dont on doit fournir un justificatif.

– La date de la remise de la déclaration d'impôts devant être respectée, il est préférable de joindre une lettre explicative plutôt que de dépasser la date limite ou envoyer une déclaration incomplète. Ceci est valable pour tout document administratif en général.

RÉSERVER UNE LOCATION DE VACANCES

M. et Mme Kumendong
17, rue du Haut-Château
35680 Moulins

Lettre recommandée AR

M. et Mme Parrain
16, rue des Coquillages
33120 Arcachon

Moulins, le 8 juin 19..

Madame,
Monsieur,

Après avoir reçu les renseignements que vous avez eu l'amabilité de
nous communiquer et faisant suite à notre conversation téléphonique
de ce jour, nous vous écrivons pour vous confirmer notre intention de
louer votre villa d'Arcachon du 1er au 30 août inclus.

Nous vous prions de bien vouloir trouver ci-joint un chèque d'un
montant de 1 500 F, à valoir comme arrhes sur le montant total de la
location, ainsi que le contrat dûment signé. Comme convenu nous vous
réglerons le solde dès notre arrivée.

Avec le plan que vous avez eu la gentillesse de nous adresser, nous
ne devrions pas avoir de difficultés à trouver le quartier et
j'espère que nous ne dérangerons pas trop les voisins chargés de la
remise des clés… mais c'est certainement la solution la plus simple.

Nous vous prions de recevoir, Madame, Monsieur, l'assurance de nos
sincères salutations.

M. et Mme Kumendong

P.J. Chèque de 1 500 F
     Contrat de location

114

PLAN

Mentions spéciales
Lettre recommandée avec AR.
Pièces jointes : chèque et contrat.

Formule d'appel
double

Corps de la lettre
1. Allusion à des échanges de renseignements avec le propriétaire. Confirmation de la date et de la durée du séjour.
2. Conditions de règlement : arrhes et solde (montant et date), envoi du contrat, date d'arrivée.
3. Conditions de la remise des clés et remerciements pour l'envoi d'un plan.

Formule finale
cordiale

VOCABULAIRE

• faisant suite à ➜ appliquant ce qui a été décidé à…
• de ce jour ➜ d'aujourd'hui
• à valoir comme arrhes ➜ qui compte comme des arrhes ➜ à titre d'arrhes
• des arrhes ➜ argent versé à l'avance pour assurer l'exécution d'un contrat
• dûment ➜ complètement
• la remise des clés ➜ l'action de donner les clés à quelqu'un

À NOTER

Différence entre des «arrhes» et un «acompte» : si le client décide de rompre le contrat, il perd les arrhes. Si le vendeur (ou le propriétaire) rompt le contrat, il doit rembourser les arrhes et, éventuellement verser au client une somme équivalente. Un acompte est un paiement partiel à valoir sur une somme. Au moment du règlement total, le montant de l'acompte est déduit du total de la facture.

Pour trouver une location saisonnière, vous pouvez vous adresser à des agences de voyages ou des agences immobilières, mais aussi aux «syndicats d'initiative» ou offices du tourisme. Il existe plus de 3000 syndicats d'initiative répartis sur toute la France. Ils ont pour fonction de renseigner les touristes sur place, de faire des réservations hôtelières, de proposer des locations de vacances et de promouvoir le tourisme de la région.

RÉSILIER UN CONTRAT DE LOCATION

Isaac Tolman
28, rue Marie-Antoinette
35400 Saint-Malo

Madame Gaëlle Guernesec
Route des Salins
29142 Le Faou

Lettre recommandée AR

Saint-Malo, le 28 décembre 19..

Madame,

J'ai le regret de vous annoncer que je vais devoir quitter votre
logement, devant être muté dans le nord-est de la France dans les mois
qui viennent. Je désire donc résilier mon contrat de location qui devait
expirer le 30 juin.

Je m'engage à quitter les lieux le 1er avril, respectant ainsi les
trois mois de préavis stipulés dans le bail. Sauf avis contraire de
votre part, nous conviendrons avec l'agence qui nous a servi
d'intermédiaire du jour et de l'heure d'un rendez-vous afin que nous
fassions l'état des lieux et que nous procédions au remboursement de
la caution.

Croyez que nous regretterons, ma femme et moi, cette belle région ou
nous avons passé trois années très heureuses de notre vie, et où nous
laissons beaucoup d'amis.

Ma femme se joint à moi pour vous présenter nos meilleurs vœux pour la
nouvelle année et nous vous prions de croire, Madame, à notre meilleur
souvenir.

M. Isaac Tolman

PLAN

Mention spéciale
lettre recommandée AR.

Corps de la lettre
1. Annonce de la résiliation du contrat de location (bail) et rappel de la date d'échéance.
2. Date de départ, respect du préavis, rendez-vous à prendre pour l'état des lieux et la remise de la caution.
3. Sentiments de regret.

Formule finale
cordiale avec formulation de vœux

MOTS DE LIAISON

sauf, donc

VOCABULAIRE

- muter ➔ changer d'affectation ou de poste
- résilier ➔ mettre fin (à un contrat, une convention, un acte)
- je m'engage à… ➔ je promets de…
- un préavis ➔ une notification pour avertir en respectant un délai
- stipulés ➔ mentionnés
- sauf avis contraire de votre part ➔ à moins que vous ne soyez pas d'accord
- convenir de… ➔ décider ensemble de…
- l'état des lieux ➔ l'inspection de la maison ou de l'appartement pour voir s'il est en bon état
- la caution ➔ somme déposée par le locataire comme garantie au propriétaire qui doit, si aucun dégât n'a été constaté, la rendre au locataire au moment de son départ
- Ma femme se joint à moi / Mes enfants se joignent à moi / Toute la famille se joint à moi, etc. ➔ formule pour associer à une lettre d'autres personnes que le signataire

À NOTER

Cette lettre, rédigée sur un ton assez amical, peut être aussi écrite dans un style plus impersonnel si les locataires connaissent peu ou n'ont jamais rencontré leur propriétaire.

S'il résilie le bail à son terme (cf. la date à laquelle il a été signé), le locataire n'a pas à donner d'explication, mais avant son terme il doit exposer ses raisons : celles-ci peuvent, dans certains cas (mutation professionnelle ou perte d'emploi, par exemple) raccourcir le préavis de trois à un mois.

Le propriétaire peut déduire de la caution les réparations ou les frais de remise en état du logement seulement si le locataire n'a pas entretenu correctement le logement. L'état des lieux déterminera la restitution ou non de la caution.

OBTENIR L'ACCORD DU PROPRIÉTAIRE POUR DES TRAVAUX

Norredine Bensadid
Route du Catelet
80240 Roisel

Lettre recommandée AR

M. Charles Vochard
19, rue Paul-Valéry
80080 Amiens

Roisel, le 26 janvier 19..

Monsieur,

Surpris de n'avoir pas encore de réponse à la lettre recommandée que je vous ai envoyée le 8 janvier, je me permets de vous écrire de nouveau pour savoir si vous en avez pris connaissance. Je vous rappelle qu'il s'agit de travaux de plomberie à effectuer sans plus tarder.

J'ai besoin de votre accord concernant le devis dont je vous ai adressé une copie dans cette lettre, puisque les frais qui seront engagés vous incombent en tant que propriétaire.

Compte tenu de la vétusté de la maison, ces travaux étaient prévisibles et vous y aviez déjà fait allusion lors de notre emménagement il y a deux ans. Il y a lieu à présent de procéder de toute urgence à ces réparations car les fuites dans la salle de bains deviennent une source de désagréments quotidiens.

Je vous demanderai donc de bien vouloir m'adresser au plus tôt une lettre confirmant votre accord pour le devis proposé.

Dans l'attente de votre réponse rapide, je vous prie de croire Monsieur, à mes sentiments les meilleurs.

Norredine Bensadid

PLAN

Mention spéciale
> lettre recommandée avec AR

Formule d'appel
> neutre

Corps de la lettre
> 1. Rappel d'une lettre recommandée (date) concernant la même demande : travaux à effectuer dans le logement.
> 2. Référence à la copie du devis envoyée pour accord et rappel des devoirs du propriétaire.
> 3. Raisons de ces travaux et préjudice porté au locataire.
> 4. Demande de lettre d'accord.

Formule finale
neutre avec demande de réponse

MOTS DE LIAISON **donc**

VOCABULAIRE

• prendre connaissance de quelque chose → examiner, découvrir le contenu de quelque chose.
• effectuer des travaux → faire des travaux
• sans plus tarder → sans plus attendre
• un devis → une description détaillée des travaux à effectuer et une estimation des dépenses prévues
• engager des frais → dépenser de l'argent
• incomber à quelqu'un → revenir à quelqu'un
• compte tenu de la vétusté → étant donné que la maison est vieille
• prévisible → qu'on peut prévoir
• il y a lieu → il faut
• un désagrément → quelque chose de désagréable
• procéder à → agir pour..., ici : procéder aux réparations → faire réparer

---

À NOTER

En règle générale, le locataire doit payer tous les frais d'entretien des appareils et des installations. Si le non-fonctionnement de ceux-ci est dû à sa négligence ou à une mauvaise utilisation , il doit également régler les factures de réparation. En revanche, le propriétaire doit effectuer les gros travaux d'entretien et la réparation ou le remplacement des appareils trop vieux.

Il existe dans toutes les grandes villes de France des fédérations de locataires (ou fédérations du logement) dont les syndicats d'initiative peuvent fournir l'adresse, qui aident les locataires à résoudre leurs problèmes avec leur propriétaire (contacter aussi l'ADIL, association départementale pour l'information sur le logement).

CONFIRMER UN PAIEMENT

```
Li Wang
37, rue des Toréadors
13000 Arles
                                    JARDINS DU MONDE
                                    5, rue du Marché
                                    06220 Vallauris

Objet : Facture 2374 B

                                    Arles, le 17 janvier 19..

Monsieur,


En réponse à votre lettre datée du 15 janvier me réclamant la somme
de 750 F en règlement d'une commande que je vous ai passée il y a
deux mois, je vous confirme mon paiement effectué le 10 décembre par
chèque bancaire (Crédit Agricole, n °  84699173) et envoyé à cette
même date.

Par ailleurs, j'ai vérifié auprès de ma banque : le chèque n'a pas
été débité de mon compte, et par conséquent n'a pas été encaissé.
Aurait-il été égaré ?

Bien que ma responsabilité ne soit pas engagée dans cette affaire,
je vous propose de faire opposition à ce chèque, puis de vous en
adresser un autre.

Veuillez me faire savoir au plus tôt si cette proposition vous
convient.

Je vous prie d'agréer, Monsieur, mes salutations distinguées.


                                                    Li Wang
```

PLAN

Mention spéciale

Indiquer la référence de la facture (vous pouvez aussi, suivant l'importance de celle-ci, envoyer la lettre en recommandé AR).

Formule d'appel

simple

Corps de la lettre

1. Référence du courrier (date), montant de la somme déclarée, référence de la commande, date du paiement et mode de réglement (avec numéro et date du chèque).
2. Vérification auprès de la banque et résultat.
3. Proposition d'une solution (opposition et remplacement du chèque).
4. Demande de réponse concernant la solution proposée.

Formule finale

neutre

MOTS DE LIAISON

par ailleurs, puis

VOCABULAIRE

- du 15 courant ➜ du 15 de ce mois
- en règlement de… ➜ pour payer…
- passer une commande ➜ faire / effectuer une commande
- vérifier auprès de quelqu'un ou d'un organisme
- débiter ➜ prélever du compte, soustraire ;
(le contraire de débiter ➜ créditer)
- encaisser un chèque ➜ toucher un chèque, le porter au crédit de son compte
- ma responsabilité n'est pas engagée ➜ je ne suis pas responsable
- faire opposition, cf. p. 101
- veuillez me laisser savoir ➜ dites-moi

À NOTER

Si le chèque a été débité de votre compte, vous pouvez demander à votre banque de faire une recherche pour vous en fournir la preuve et savoir qui l'a encaissé. Cette recherche est un service payant.

CONTESTER UNE CONTRAVENTION

Sue FROWN
9, boulevard Gambetta
64200 Biarritz

Monsieur le Directeur
de la police municipale
Commissariat central
64200 Biarritz

Le 15 juillet 19..

Véhicule : PEUGEOT 504
N° d'immatriculation : 4257 SA 64

Monsieur le Directeur,

J'ai l'honneur de vous écrire afin de contester la contravention qui m'a été dressée dans la nuit du 13 au 14 juillet.

Le 13 juillet, en fin d'après-midi, j'ai garé ma voiture, comme je le fais souvent, à l'angle de la rue Maupassant et de l'avenue des Manteaux bleus. Or, le 14 au matin j'ai eu la désagréable surprise de trouver sur mon pare-brise une contravention de 200 F. Un panneau d'interdiction de stationner avait été mis en place, certainement peu après que j'ai garé ma voiture, en vue de faciliter le passage du défilé du 14 juillet. Comment pouvais-je m'en douter ?

En conséquence, et sur le témoignage de ma bonne foi, je vous demande d'annuler cette contravention que je joins à cette lettre.

J'espère que vous examinerez mon cas avec bienveillance et vous prie d'accepter, Monsieur le Directeur, mes salutations respectueuses.

Sue Frown

P.J. : La contravention dûment complétée.

PLAN

Mention spéciale
> référence du véhicule (marque et numéro d'immatriculation)

Formule d'appel
> nominative (titre de la personne)

Corps de la lettre
> 1. Contestation : date de la contravention.
> 2. Explication détaillée des faits.
> 3. Demande d'annulation.

Formule finale
> respectueuse avec le souhait exprimé d'une réponse positive

Pièce jointe
> la contravention

MOTS DE LIAISON

or, en conséquence

VOCABULAIRE

• une contravention ou P.V. (procès-verbal) ➜ une amende qui sanctionne un stationnement interdit, une faute de conduite (non-respect de la limitation de vitesse ou du code de la route)
• douter de quelque chose ➜ avoir des doutes, ne pas être sûr (mais) ;
se douter de quelque chose ➜ soupçonner, savoir
ainsi, j'en doute ➜ je n'en suis pas sûr(e)
mais je m'en doute ➜ je le sais
• dûment ➜ comme il se doit ➜ comme il faut

Sauf faute grave («brûler» un feu rouge par exemple), une contravention se règle avec un «timbre-amende» (en vente dans les bureaux de tabac ou les perceptions) dont le montant forfaitaire est variable suivant l'effraction. Si vous avez une raison valable de contester une contravention il faut le faire avant un mois sinon vous recevrez une amende forfaitaire majorée (plus du double du montant) à payer dans les dix jours sous peine de passer devant le tribunal.

Quand vous circulez, ayez toujours vos papiers sur vous (permis de conduire, carte grise, attestation d'assurance, double de la vignette*). La non-présentation immédiate des papiers est passible d'une amende.

*la vignette est une taxe sur les voitures. On l'achète une fois par an, en novembre, dans les bureaux de tabac ou les perceptions et elle doit être collée sur le pare-brise de la voiture.

DEMANDER UN DÉLAI DE PAIEMENT À SON PROPRIÉTAIRE

M. Sven Wirden
Résidence Bellevue
21000 Dijon

M. Pierre Alain de
l'Orgère
41 rue des Hospices
21200 Beaune

Dijon, le 10 février 19..

Cher Monsieur,

Vous avez dû être étonné de ne pas encore avoir reçu le paiement de mon loyer pour le mois en cours. Jusqu'à présent, en effet, j'ai toujours veillé à vous régler ponctuellement. Malheureusement, à la suite de problèmes personnels et professionnels, je me trouve momentanément dans une situation délicate, n'étant plus en mesure de faire face à mes échéances.

Ceci m'amène à vous demander de bien vouloir me permettre d'ajourner le paiement des loyers de février et de mars et de vous régler en un seul versement le 15 mars.

Voici déjà trois ans que je suis votre locataire et nous avons toujours entretenu d'excellents rapports. J'espère donc que vous comprendrez ma situation et que vous m'accorderez ce délai tout à fait exceptionnel.

Dans l'espoir que vous répondrez favorablement à ma demande, je vous prie d'agréer, cher Monsieur, mes sincères salutations.

Sven Wirden

PLAN

Formule d'appel
cordiale

Corps de la lettre
1. Constat de la situation présente : retard dans le paiement, raisons.
2. Demande de délai de paiement.
3. Rappel de la régularité des paiements , du caractère exceptionnel de la demande et des bons rapports locataire-propriétaire. Espoir d'une réponse favorable.

Formule finale
cordiale avec attente de réponse favorable

MOTS DE LIAISON

en effet / malheureusement / donc

VOCABULAIRE

• veiller à faire quelque chose ➜ faire attention à, s'appliquer à
• le mois en cours ➜ le mois dans lequel nous sommes
• ne pas être en mesure de ➜ ne pas pouvoir
• une échéance ➜ date de paiement d'une dette
• ajourner ➜ renvoyer à une date ultérieure

Autres suggestions d'expressions

Pour l'introduction
Je suis au regret de vous faire savoir que je ne pourrai malheureusement pas régler mon loyer à la date habituelle
En effet... (exposer les raisons)... C'est pourquoi... (faire la demande de paiement différé)...

Pour la demande
Puis-je vous demander de bien vouloir m'accorder un délai...
Je vous serais reconnaissant(e) de bien vouloir...
Je fais appel à votre compréhension pour m'accorder...
Accepteriez-vous un paiement différé, à savoir...

À NOTER Il est préférable de prévenir votre propriétaire le plus tôt possible plutôt que le mettre devant le fait accompli !
Évitez de donner de trop longues explications.
Le ton de la lettre ne doit pas être obséquieux (excès de formules de politesse) ni «cavalier» (comme si l'avis du propriétaire vous importait peu).

RÉPONDRE À UNE OFFRE D'EMPLOI

Joe Philips
5, rue des Pierres
13006 Marseille

INSEE
18, boulevard A.Dinard
75014 Paris.

Réf: HAVAS n° 84521
Objet : candidature au poste
d'enquêteur

Marseille, le 2 septembre 19..

Monsieur,

Suite à votre annonce parue dans «Le Petit Marseillais» de ce jour,
je me permets de vous écrire pour poser ma candidature pour le poste
d'enquêteur à mi-temps que vous proposez.

Je suis actuellement à la recherche d'un emploi à temps partiel car
je poursuis des études en économie. Les enquêtes sociologiques que
vous effectuez à l'échelle nationale pourraient être pour moi une
expérience intéressante et je suis sûr que je m'en acquitterais avec
sérieux et efficacité.

Veuillez trouver ci-joint mon curriculum vitae. Je reste à votre
entière disposition pour tout renseignement complémentaire et pour un
éventuel entretien.

En vous remerciant de l'attention que vous voudrez bien porter à ma
candidature, je vous prie d'agréer, Monsieur, mes salutations
distinguées.

M. Joe Philips

P.J. : curriculum vitae

PLAN

Mentions spéciales

Numéro de référence de l'annonce (dans le cas d'une réponse).
Objet : poste recherché (dans tous les cas).
Pièce jointe : curriculum vitae (CV).

Formule d'appel

simple
Elle peut être aussi nominative (Monsieur le Directeur) pour écrire au directeur d'une petite ou moyenne entreprise (PME ➜ moins de 200 employés). Dans une grande entreprise, écrivez au directeur du personnel.

Corps de la lettre

1. Référence à l'annonce (journal, date, emploi).
2. En rapport avec la demande, qualifications, aspirations et qualités du candidat.
3. Pièce jointe : CV. Disponibilité du candidat.

Formule finale

remerciement anticipé et formule de politesse simple

VOCABULAIRE

• poser sa candidature ➜ postuler un emploi
• s'acquitter d'un travail ➜ accomplir un travail (on dit aussi s'acquitter d'une dette ➜ payer sa dette)
• curriculum vitae ➜ récapitulation des étapes importante de la vie professionnelle (état civil, études, expérience professionnelle détaillée)

À NOTER

Il n'existe pas de lettre type de candidature à un emploi puisque la lettre doit être construite suivant le poste à pourvoir et doit donner au futur éventuel employeur une idée de la personnalité du candidat. On peut cependant dire que pour la réponse à une petite annonce, il est primordial de lire très attentivement l'annonce, de noter les qualifications requises et le «profil» (portrait du candidat idéal) recherché afin de reprendre subtilement ces points dans la lettre. Pour une candidature spontanée, le candidat doit auparavant se renseigner sur l'entreprise auquel il s'adresse pour en connaître au mieux les besoins ainsi que les qualités qui y sont appréciées. Dans les deux cas la lettre devra être courte et précise.

La lettre doit être écrite à la main pour permettre éventuellement une analyse graphologique (étude de la personnalité par l'analyse de l'écriture) mais le CV doit être tapé à la machine et clairement présenté.

Attention ! Une lettre mal orthographiée ou mal présentée donnera immédiatement une mauvaise impression au destinataire.

POSTULER POUR UN TRAVAIL DE JEUNE FILLE AU PAIR

Tracy Philpott
25 Essex Road
Standish NR Lancs
Grande-Bretagne

M. et Mme Dufour
17, allée du Nouveau Monde
34000 Montpellier

Standish, le 22 mai 19..

Madame, Monsieur,

Âgée de 18 ans et achevant mes études secondaires, je suis à la recherche d'un emploi de jeune fille au pair pour une durée d'un an afin de perfectionner mon français.

Votre offre parue sur une liste publiée par l'Office britannique de la jeunesse m'intéresse tout particulièrement. En effet, j'aime beaucoup m'occuper des enfants et l'ai d'ailleurs déjà fait en maintes occasions (babysitting le soir et colonies de vacances).

Pourriez-vous me donner quelques précisions concernant le travail que vous proposez et tout d'abord m'expliquer en quoi consisteront les tâches familiales qui me seront confiées, combien d'heures je devrai y consacrer par semaine et quel sera le montant de mon argent de poche. Aurai-je aussi la possibilité de suivre des cours de français dans votre ville ? De plus, mes parents aimeraient savoir si je serai couverte par une assurance en cas de maladie ou d'accident.

Je serai libre à partir du 1er juillet et suis prête à commencer aussitôt après cette date.

Dans l'attente de vous lire, je vous remercie par avance de tous les renseignements que vous m'apporterez et vous prie d'agréer, Madame, Monsieur, mes salutations respectueuses.

Tracy Philpott

PLAN

Formule d'appel
double

Corps de la lettre
1. Présentation de la candidate (âge, études), durée du séjour, objectif visé.
2. Source d'information (liste d'adresses), marque d'intérêt pour le travail proposé et expérience dans le domaine.
3. Demande de renseignements : nature des tâches, nombre d'heures, montant de l'argent de poche, possibilité de suivre des cours, problème des assurances.
4. Disponibilité de la candidate (date).

Formule finale
respectueuse avec remerciement et demande de réponse

MOTS DE LIAISON

en effet, d'ailleurs, de plus

VOCABULAIRE

- achevant ➜ achever ➜ finir
- en maintes occasions ➜ en de nombreuses occasions, souvent
- une colonie de vacances ➜ un séjour organisé pour les enfants ou les adolescents pendant les vacances
- une tâche ➜ un travail
- consacrer du temps à une activité ➜ passer du temps à faire quelque chose
- couverte par une assurance ➜ assurée

À NOTER

Il est primordial de connaître avec précision toutes les conditions de travail, surtout en ce qui concerne les tâches à accomplir et le temps libre afin qu'il n'y ait pas de mauvaises surprises : une jeune fille au pair ne doit pas remplacer une femme de ménage ! Certains organismes sont spécialisés dans les placements au pair. Il suffit de se renseigner auprès des Centres régionaux d'information jeunesse (CRDJ, en province, CIDJ, à Paris) qui documentent les jeunes sur les études, l'emploi, la formation professionnelle, les loisirs, les vacances et les séjours à l'étranger.

Une jeune fille au pair n'est pas considérée comme faisant partie du personnel de maison. Cependant la famille d'accueil doit l'assurer si l'assurance de la jeune fille n'est pas valable en France.

DONNER SA DÉMISSION

Franck Hager
26, boulevard Picasso
19000 Tulle

Monsieur le Directeur
TISSUNIC
17, Grand Rue
19000 Tulle

Lettre recommandée AR
Objet : avis de démission

Tulle, le 30 Août 19...

Monsieur le Directeur,

J'ai l'honneur de vous écrire pour vous présenter ma démission du poste de responsable du contrôle de la qualité que j'occupe dans votre société depuis le 1er novembre 1987.

Je souhaite quitter ce poste, pour convenances personnelles, le 1er septembre 1989, c'est-à-dire dans trois mois, respectant ainsi le délai prévu par la convention collective.

Je vous prie d'accepter, Monsieur le Directeur, mon respectueux souvenir.

M. Franck Hager

PLAN

Mentions spéciales

Lettre recommandée avec accusé de réception.
Objet : avis de démission.

Formule d'appel

nominative*

Corps de la lettre

1. Avis de démission, poste occupé, date d'embauche.
2. Raison (ou non) de la démission, date de la démission effective et rappel du préavis légal.

Formule finale

respectueuse

VOCABULAIRE

• démissionner ou présenter/donner sa démission → quitter volontairement un travail. Je souhaite donner ma démission du poste de… Je désire quitter/me démettre de/mes fonctions de…
• occuper un poste (de travail) → mais remplir ou exercer une/des fonction(s), exercer une profession ;
engager quelqu'un pour un travail → embaucher ;
[le contraire → licencier → renvoyer un employé, le mettre à la porte (familier)]
• pour convenances personnelles → formule à utiliser si on ne désire pas donner des raisons précises
• une convention collective → les accords conclus entre les salariés et l'employeur pour régler les conditions de travail

À NOTER

Le «préavis» (délai prévu entre la notification de démission et la démission effective) doit être respecté impérativement (cf. le contrat de travail) sinon l'employeur peut demander des dommages et intérêts.

La rupture de contrat de travail par le salarié, contrairement au licenciement, ne donne pas droit à des indemnités, excepté l'indemnité correspondant aux «congés payés» (jours de vacances proportionnels à la durée du travail) dus à la date où le salarié quitte son travail.

Le tribunal compétent pour régler les problèmes entre les employés et leur employeur est le «tribunal des prud'hommes».

Vous pouvez bien sûr adresser une lettre plus cordiale à votre employeur si vous avez toujours entretenu des bons rapports avec lui et expliquer les raisons de votre démission.

* S'il s'agit d'une entreprise de + de 200 employés, adressez la lettre au directeur du personnel, sinon, comme c'est ici le cas, simplement au directeur.

EXERCICES D'ENTRAÎNEMENT

EXERCICE 1 ■■■ ANALYSER LA CONSTRUCTION D'UNE LETTRE-CIRCULAIRE

1. *Définissez l'objet de cette lettre.*
2. *Quel en est le plan ?*
3. *Trouvez d'autres termes qui pourraient remplacer les mots soulignés.*

LYCÉE AUGUSTE RENOIR
Avenue Marcel Pagnol
06800 CAGNES-SUR-MER

Tél. : 93 20 42 42

Cagnes-sur-mer, le 6 mars 1989

Le Censeur du Lycée Auguste Renoir
à
Mesdames et Messieurs les Parents d'Élèves

Madame, Monsieur,

Nous avons constaté un accroissement important du nombre des absences au cours de ce trimestre et tout particulièrement dans la période actuelle. Cela n'est en aucune façon justifié.
Il faut <u>cependant</u> regretter très vivement que trop de parents couvrent des absences sans raison et tout spécialement <u>lors des</u> périodes de devoirs contrôlés.
Je vous rappelle que l'absentéisme répété constitue un motif d'exclusion. Dans ces derniers cas, les professeurs n'ont d'autre ressource que d'attribuer aux élèves des zéros lors des absences.
<u>Par ailleurs</u>, malgré la période météorologique particulièrement favorable, nous constatons des retards importants et inadmissibles à la rentrée des élèves.
Cela nuit à une bonne organisation pédagogique de la classe par les professeurs et ne sera plus toléré. L'élève risquant de ne pas être admis en cours.
Pour éviter ces perturbations, nous nous voyons contraints d'avoir recours à des mesures coercitives. <u>En conséquence</u>, les dispositions suivantes seront strictement appliquées :
Un élève absent la veille ne sera réadmis que s'il présente une justification vraiment valable, dix minutes au moins avant l'entrée en cours, au service de la VIE SCOLAIRE du bâtiment dans lequel il a le cours de la première heure (ancien ou nouveau bâtiment). <u>Il en sera de même</u> pour l'élève retardataire.
Cette dernière situation ne peut être que TRÈS EXCEPTIONNELLE.
Les dégradations deviennent trop fréquentes et sont indignes d'élèves civilisés et bien éduqués. Nous prendrons dans ce domaine toutes les dispositions nécessaires et en particulier ferons appel à la réparation financière par les parents des élèves concernés.
Nous souhaitons <u>néanmoins</u> qu'élèves et parents nous aident à conserver les locaux et le matériel dans le meilleur état.

Je vous prie de croire, Madame, Monsieur, à l'expression de mes sentiments distingués.

Le Censeur

VOCABULAIRE ■■■

• nous nous voyons contraints d'avoir recours à des mesures coercitives : nous sommes obligés d'adopter des mesures contraignantes

APPRENDRE À ORGANISER UNE LETTRE LOGIQUEMENT ET À LA PRÉSENTER CORRECTEMENT

Voici une lettre dont les phrases ont été mélangées.
Retrouvez l'ordre logique pour que la lettre soit cohérente, puis détermi-
nez le contenu de chaque paragraphe, et enfin soignez la présentation.

```
Olga Kalnikoff                      Madame  Armagnac
3, avenue des Saules                Route  de  Saint-Mont
4000  Mont-de-Marsan                2000  Auch

                                    Le 1er mai 19..

Madame,

Tout d'abord en ce qui concerne l'hébergement : serait-il possible
de prendre simplement le petit déjeuner au lieu de la demi-pension
que vous proposez ? De plus, il n'est pas indiqué dans votre
brochure si le linge de maison (draps et serviettes de toilette) est
fourni ou si les stagiaires doivent l'apporter. Celui du 1er au 20
juillet m'intéresse tout particulièrement, mais avant de m'y
inscrire, je voudrais avoir quelques renseignements supplémentaires.
Je vous serais très obligée de bien vouloir répondre à toutes ces
questions. J'ai bien reçu la documentation que vous m'avez envoyée au
sujet des stages de danse moderne que vous organisez cet été. Et,
dans ce cas, quelles seraient les conditions financières ? Dans
l'attente de votre réponse, je vous prie d'agréer, Madame, mes
salutations les meilleures.
J'aimerais savoir en dernier lieu si vous délivrez une attestation de
fin de stage.

                                    Olga Kalnikoff
```

Quelle est la phrase d'introduction ? ....
....

Quelle est la conclusion et la formule finale ? ....
....

Combien de paragraphes obtenez-vous ? ....

Donnez le plan de la lettre : ....
....

Quel est l'objectif de cette lettre ? ....
....
....

EXERCICE 3 ▨▨▨ COMPOSER UNE LETTRE PHRASE PAR PHRASE

Voici une situation résumée en style télégraphique :
En été, vacances au Club Méditerranée, Maroc, bord de la mer, projet d'excursion à la limite du Sahara.
Imaginez que vous êtes dans cette situation et que vous écrivez à un(e) ami(e).

1. Écrivez la date, puis la formule d'appel : prénom ou surnom de votre correspondant, avec ou sans marque d'amitié, d'affection ou d'amour.

....

....

2. Faites une ou deux phrases pour décrire le lieu où vous êtes.

....

....

....

3. Donnez vos impressions personnelles sur ce lieu que vous venez de décrire (une seule phrase).

....

....

....

4. Parlez des personnes qui vous accompagnent ou que vous avez rencontrées (une ou deux phrases).

....

....

....

....

5. Décrivez une scène ou un incident dont vous avez été témoin et qui vous a enchanté, surpris ou choqué (deux ou trois phrases).

....

....

....

....

6. Donnez quelques nouvelles météorologiques en les commentant (une phrase). ....

....

7. Parlez d'un projet d'excursion ou de sortie que vous avez (une ou deux phrases). ....

....

....

....

8. Exprimez vos espoirs et/ou vos craintes concernant ce projet.

....

....

....

9. Prenez des nouvelles du destinataire (trois ou quatre questions brèves).

....

....

....

10. Faites quelques remarques aimables, amicales ou tendres, puis mettez votre formule d'appel et signez.

....

....

Relisez maintenant les différentes parties de votre lettre.

Vérifiez :
• S'il existe une continuité entre les phrases, sinon ajoutez les mots de liaison appropriés.
• La ponctuation.
• L'orthographe.

Déterminez le découpage de la lettre en paragraphes.

Recopiez en observant les règles de bonne présentation.

Vous pouvez utiliser ce canevas dans n'importe quelle situation réelle de vacances, ajouter d'autres points ou en enlever selon votre objectif.

EXERCICE 4 ▬ CONSTRUIRE UNE LETTRE PARAGRAPHE PAR PARAGRAPHE

REMERCIER D'UN CADEAU

Votre correspondant est-il un parent ? un ami ? une simple relation ?

Rédigez votre lettre en vous aidant des suggestions suivantes :

1. Inscrivez le nom de la **ville** d'où vous envoyez la lettre et la **date.**

....

2. Choisissez la **formule d'appel** suivant les liens qui vous unissent à votre correspondant.

....

3. Introduction

Expliquez les circonstances dans lesquelles vous avez reçu ce cadeau, votre réaction et exprimez vos premiers remerciements.

....

....

....

4. Développement

Faites des remarques concernant le cadeau lui-même, l'utilité qu'il peut avoir pour vous, l'usage que vous allez en faire. Félicitez votre correspondant sur son choix judicieux.

....

....

....

5. Exprimez vos sentiments à l'égard de son geste, puis décrivez la réaction de votre entourage.

....

....

....

6. Prenez des nouvelles de votre correspondant. Donnez ensuite quelques informations sur vos activités, vos projets, votre santé, etc.

....

....

....

7. Conclusion

Réitérez vos remerciements en les incluant dans la formule finale appropriée et signez.

....

....

Relisez votre lettre

• Les phrases ne sont-elles pas trop courtes ni trop longues ?
• Sont-elles bien articulées les unes aux autres ?
• Le choix des mots est-il précis ?
• Les temps des verbes sont-ils correctement choisis ?
• Vérifiez l'orthographe, l'accentuation, la ponctuation.

Recopiez votre lettre

Soignez l'écriture et la ponctuation. N'hésitez pas à sauter des lignes pour montrer les différents paragraphes.

EXERCICE 5 ▒▒ CHOISIR ET CLASSER LES IDÉES POUR RÉDIGER

Situation
Vous désirez louer un appartement en France pour les vacances.
Vous avez déjà contacté le syndicat d'initiative de la ville où vous voulez séjourner et reçu une liste de logements à louer avec l'adresse des propriétaires. Vous écrivez maintenant à l'un d'entre eux pour demander des renseignements sur le logement qu'il offre.

Première étape
Récapitulez sur une feuille de papier la liste de tous les renseignements que vous désirez obtenir.

Deuxième étape
Une fois ce travail terminé, vous **comparez** votre liste à celles qui vous sont proposées ci-dessous.

1. **Entourez** les éléments communs.
2. **Ajoutez** ceux qui manquent sur la liste proposée («Autres»).
3. **Entourez** des points que vous n'aviez pas pensé à signaler, mais qui vous semblent intéressants à garder.
4. **Barrez** ceux qui vous semblent inutiles.

1. Renseignements sur la maison ou l'appartement :

– surface	– aménagement de la cuisine
– nombre de pièces	– douche ou baignoire
– nombre de lits	– télévision
– étage	– ameublement
– jardin	– linge de maison (fourni ou non)
– piscine	– téléphone
– balcon	– garage ou place de parking

Autres : ....

2. Renseignements sur les alentours :

– distance de l'appartement au centre ville
– distance de l'appartement à la ville la plus proche
– distance de l'appartement à une autre ville (précisez)
– distance de l'appartement à la mer
– distance de l'appartement à la montagne
– distance de l'appartement aux commerçants
– Possibilités de distractions qu'offre la ville (précisez : cinémas, équipe
  ments sportifs, musées, restaurants, night-clubs…)
– Demande de documentation sur la région

Autres : ....

3. Renseignements sur le loyer pour la période concernée :

– montant total du loyer
– les charges (électricité, gaz, eau, enlèvement des ordures ménagères,
  taxes diverses) sont-elles comprises ?
– montant des arrhes à verser pour réserver
– délai de réservation
– mode de réglement proposé (précisez)

Autres : ....

Troisième étape
Classez à l'intérieur de chacun des points 1, 2 et 3 les éléments par ordre d'importance (du plus important au moins important) et **rédigez** en phrases ni trop courtes, ni trop longues (pensez aux mots de liaison). Vous obtenez alors trois paragraphes. **Vérifiez** l'orthographe.

Quatrième étape
1. Pour disposer vos nom et adresse et ceux du destinataire, la date, **référez-vous** à la présentation d'une lettre commerciale.
2. **Écrivez** la formule d'appel.
3. 1er paragraphe : en introduction **expliquez** :
   – comment vous avez obtenu l'adresse
   – l'objet de votre lettre : location pour une période précise
4. 2e, 3e et 4e paragraphe : **recopiez** le travail précédent
5. **Écrivez** la formule finale en y incluant une demande de réponse.
Signez.

EXERCICE 6   COMPOSER DES LETTRES COMMERCIALES

À partir des plans proposés, rédigez les lettres suivantes :

RÉCLAMER, SUITE À LA LIVRAISON D'UNE MARCHANDISE DÉFECTUEUSE

PLAN

1. **Formule d'appel**

2. **Corps de la lettre**
   - Références de l'article défectueux : dates d'achat et de livraison.
   - Description du/des défaut(s).
   - Conséquences pour le client (auteur de la lettre).
   - Demande de remplacement de l'article ou de remboursement (conditions précisées).
   - Espoir d'obtenir satisfaction rapidement.

3. **Formule finale**

Note : Si vous avez un numéro de client, écrivez-le sous votre adresse.

RÉCLAMER LE PAIEMENT D'UNE FACTURE NON RÉGLÉE

PLAN

1. **Formule d'appel**

2. **Corps de la lettre**
   - Non réception de la facture. Références : objet, montant et date.
   - Essai d'explication sur les raisons de ce non-paiement : courrier perdu, absence ou négligence du correspondant ou autre.
   - Demande de paiement : conditions et délai.
   - Au cas où le paiement aurait été effectué, demande de précisions sur la date et les références du paiement.

3. **Conclusion et formule d'appel** : remerciements anticipés pour une réponse rapide et formule de politesse.

TRANSFÉRER UNE ASSURANCE-HABITATION POUR CAUSE DE DÉMÉNAGEMENT

PLAN

1. **Formule d'appel**

2. **Corps de la lettre**
   - Objet de la lettre : transfert de l'assurance et cause. Ancienne adresse, numéro de la police d'assurance et type de contrat. Date du déménagement et nouvelle adresse.
   - Demande de transfert avec les mêmes garanties ou avec des modifications de la couverture de risques. Demande d'information : nom et adresse de l'agent d'assurance le plus proche du nouveau domicile.
   - Question(s) concernant une éventuelle modification de la prime d'assurance et les frais de transfert.
   - Demande de confirmation.

3. **Formule finale**

EXERCICE 7 UTILISER CORRECTEMENT LES MODES ET LES TEMPS DES VERBES

DONNER DES NOUVELLES

Complétez la lettre suivante en vous basant sur une situation réelle ou imaginaire.

........, le ....

Ma chère .... ,

Un tout petit mot pour te remercier de ta lettre que ....
.... Je regrette vraiment ....
................................, mais tu comprends que ....
et j'espère que ....
Tu ne me parles pas de ....
As-tu fini .... ? Quand penses-tu .... ?

L'autre jour, ...
Je n'en croyais pas mes yeux ! Je crois que ....
Il faudrait que.. . Qu'en penses-tu ?

As-tu vu le film « .... »? Cela ....
.... Et toi ?
En ce moment je lis «...» C'est l'histoire
d..
.... Je ne sais pas ....
....

As-tu des nouvelles de .... ? Pourquoi .... ?
J'aimerais bien .... Tu ne penses
pas que ce serait une bonne idée si .... ?
Réponds-moi vite !

Je dois te quitter car ....
.... À bientôt ! et .... !

Je ....

....

Et maintenant vérifiez :

- Si les temps des verbes sont appropriés.
- Si les verbes sont bien accordés à leurs sujets.
- Si les verbes sont correctement orthographiés.

Éventuellement référez-vous au tableau de construction des verbes p. 158.

EXERCICE 8 ▨▨▨ UTILISER LES PRÉPOSITIONS ADÉQUATES

INFORMER ET DEMANDER UN SERVICE

Lisez attentivement cette lettre et complétez-la avec les prépositions manquantes (de, à/au, pour, par, dans, en, sur).

Lille, le 28 février 19..

Très chère Anne,

Voici la pétition dont je t'ai parlé ..... téléphone. Il faudrait faire des photocopies et les faire signer ..... le maximum de personnes. Il s'agit ..... deux prisonniers dont Amnesty International demande la libération — deux jeunes poètes ..... mon pays qui ont été incarcérés arbitrairement il y a un an.

Je joins l'article qui raconte ..... détails leur histoire.

Renvoie-moi tout ce que tu auras pu faire signer le 20 mars ..... plus tard. Merci mille fois ..... ton aide. C'est rassurant ..... savoir que je peux toujours compter ..... toi.

..... deux mois nous allons organiser une grande campagne ..... l'abolition de la peine de mort et là encore j'aurai besoin ..... toi !

J'espère que ta petite famille se porte bien. Embrasse-les tous ..... moi.

Encore merci et ..... bientôt!

Bises
Hermina

EXERCICE 9 ▓▓▓ EMPLOYER LES VERBES APPROPRIÉS

Complétez à l'aide des verbes suivants (certains sont employés plusieurs fois) :

attirer, donner, déposer, se tenir, se voir, (se) mettre, rendre, porter, accuser, passer, rendre, faire, virer, présenter, poser, se trouver

.... une commande
.... l'attention de quelqu'un sur quelque chose
.... réception d'une lettre
.... sa candidature
.... des cours de français
.... à la disposition de quelqu'un
.... dans l'impossibilité de
.... au crédit d'un compte bancaire
.... des arrhes
.... service à quelqu'un
.... en contact avec quelqu'un
.... en vente
.... la connaissance de quelqu'un
.... ses vœux
.... satisfaction à quelqu'un
.... suite à une demande
.... dans l'obligation de faire quelque chose
.... plainte contre quelqu'un
.... une petite annonce dans un journal
.... une somme sur un compte

EXERCICE 10 ▓▓▓ EMPLOYER LA FORMULE D'APPEL APPROPRIÉE

Faites correspondre la formule d'appel avec le correspondant :

	un médecin
Chère Brigitte	une amie
Chère Madame	une institutrice
Cher Monsieur	un service administratif
Maître	une mère célibataire
Messieurs	un notaire
Docteur	une personne que vous connaissez depuis quelque temps
	un avocat

EXERCICE 11 EMPLOYER LE MOT JUSTE ET UTILISER DES MOTS DE LIAISON

CONTESTER UNE FACTURE

Dans la lettre suivante, complétez :

1. les mots soulignés par des termes plus précis, plus concis ou moins familiers

2. les pointillés avec les mots de liaison appropriés **(donc, en effet, en conséquence, d'ailleurs, or).**

M. Petre Laucescu
45, avenue du Général de Gaulle
84500 Bollène

Monsieur Misarelli
5, rue de la Fontaine
84000 Avignon

Bollène, le 2 octobre 19..

Monsieur,

J'accuse réception de votre lettre <u>d'octobre</u> et de la facture des travaux que vous avez <u>faits</u> chez moi pendant <u>une semaine en septembre.</u>

J'ai été très surpris de <u>voir</u> que la somme que vous m'aviez <u>dite quand vous êtes venu pour la première fois</u> a été largement dépassée..... Je vous rappelle que <u>vous aviez dit que vous pouviez remettre en état</u> une partie de la toiture <u>pour</u> 6000F..... votre facture <u>est</u> maintenant presque 7500F. <u>Ça fait</u> une différence de 25 %.

<u>J'ai été toujours content</u> de vos services et <u>je suis</u> parmi vos fidèles clients, alors je n'ai pas <u>pensé que c'était nécessaire de</u> vous demander un devis* <u>surtout que</u> vous avez jusqu'à présent toujours respecté vos engagements.

<u>Est-ce qu'il y aurait eu</u> des dépenses imprévues ? Je ne pense pas car vous me les auriez probablement <u>dites</u>. J'espère ..... que <u>c'est</u> seulement une erreur (peut-être dans le calcul des heures <u>faites</u> par les ouvriers ?).

....., je vous prierai de <u>faire</u> une vérification et de me <u>donner</u> une facture plus détaillée.

<u>J'attends votre réponse et</u> veuillez agréer, Monsieur, mes sincères salutations.

M. Petre Laucescu

• un devis ➜ une description détaillée des travaux à effectuer et une estimation des dépenses prévues

EXERCICE 12 ■■■ RESPECTER LES RÈGLES DE PONCTUATION ET D'ACCENTUATION, ET L'EMPLOI DES MAJUSCULES

REMERCIER D'UN CADEAU

Dans la lettre suivante, placez les accents, la ponctuation et les majuscules.

```
                                          Mulhouse le 4 août 19..


chere sandra


ton cadeau est arrive ce matin et j'ai essaye immediatement de te
telephoner malheureusement la ligne etait toujours occupee vraiment
tu ne pouvais pas m'offrir quelque chose qui me fasse plus plaisir
j'ai cherche partout ce livre mais on me repondait toujours qu'il
etait epuise comment as-tu fait pour le trouver  merci mille fois
je vais m'y plonger avec delice

ici, tout va bien  pierre travaille comme un fou pour monter le
spectacle de theatre (la cantatrice chauve de ionesco) dont je
t'ai deja parle note bien la date le 6 septembre.
seras-tu a paris a ce moment-la  quant aux enfants ils sont chez
leur grand-mere et je profite donc du calme

nous comptons sur toi en septembre il me semble que cela fait une
eternite que nous ne nous sommes pas vues

je te quitte en t'embrassant bien fort et en te remerciant encore
de ton cadeau

                                          Tania
```

EXERCICE 13 ▨ ÉVITER LES ERREURS D'EXPRESSION

Découvrez les erreurs d'expression dans les phrases suivantes :

1. *Je vous serais gré de bien vouloir m'adresser ce colis au plus tôt.*

2. *Vous n'êtes pas sans ignorer que les grèves ont perturbé la distribution du courrier.*

3. *Ses déclarations se sont avérées fausses.*

4. *Veuillez agréer, Madame, l'expression de mes salutations distinguées.*

5. *Nous avions convenu de faire la réunion chez moi.*

6. *Malgré que je vous ai écrit à ce sujet, vous ne m'avez pas répondu.*

7. *Espérant recevoir une réponse favorable, veuillez agréer, Monsieur, mes salutations distinguées.*

8. *Nous nous associons avec votre peine.*

9. *J'accuse réception de votre lettre.*

10. *Je m'excuse de ne pas vous avoir écrit plus tôt.*

11. *Il vous prévient d'avance qu'il ne pourra vous recevoir.*

12. *Je vous sollicite un rendez-vous.*

13. *Quelque soit votre réponse, nous vous prions de bien vouloir nous en faire part au plus tôt.*

14. *Pour cause de santé, je n'ai pas pu renvoyer ces papiers dans les délais prévus.*

15. *Ça m'intéresserait de revenir sur cette soi-disante affaire de chèques sans provision.*

16. *Quoique vous fassiez, veuillez respecter les délais réglementaires.*

17. *Je vous préviendrai aussitôt son arrivée.*

18. *Au point de vue légal, on ne peut pas dire qu'il ait agi honnêtement.*

19. *Il nous faudra solutionner ce problème au plus vite.*

20. *Je m'en rappelle fort bien.*

EXERCICE 1

Objet de la lettre
Informer les parents d'élèves des problèmes à l'intérieur du lycée et des mesures prises par l'établissement.

Plan

Formule d'appel : double
Corps de la lettre :
1. Constat de la situation : accroissement du nombre des absences.
2. Mise en cause des parents.
3. Information sur les sanctions déjà prévues.
4. 2e problème : les retards : conséquences et sanctions prévues.
5. Nouvelles mesures décidées.
6. Énumération de ces mesures.
7. Problème des dégradations et sanctions prévues.
8. Souhait d'une collaboration des élèves et des parents.
Formule finale : double

Autres termes

• cependant → pourtant, toutefois
• lors de → au cours de, pendant, durant
• par ailleurs → de plus, d'autre part, en outre
• en conséquence → par conséquent, c'est pourquoi, de ce fait, ainsi, aussi (+ inversion), de sorte que (à relier à la phrase précédente), donc (à insérer entre l'auxiliaire et le participe passé du verbe)
• il en sera de même → ce sera la même chose pour...
• néanmoins → toutefois, pourtant, cependant, quand même, malgré tout

EXERCICE 2

J'ai bien reçu la documentation que vous m'avez envoyée au sujet des stages de danse moderne que vous organisez cet été. Celui du 1er au 20 juillet m'intéresse tout particulièrement, mais avant de m'y inscrire, je voudrais avoir quelques renseignements supplémentaires.

Tout d'abord en ce qui concerne l'hébergement : serait-il possible de prendre simplement le petit déjeuner au lieu de la demi-pension que vous proposez ? Et, dans ce cas, quelles seraient les conditions financières ?

De plus, il n'est pas indiqué sur votre brochure si le linge de maison (draps et serviettes de toilette) est fourni ou si les stagiaires doivent l'apporter.

J'aimerais savoir en dernier lieu si vous délivrez une attestation à la fin du stage.

Je vous serais très obligée de bien vouloir répondre à toutes ces questions. Dans l'attente de votre réponse, je vous prie d'agréer, Madame, mes salutations les meilleures.

À noter :

• au sujet de → à propos de → concernant
• la demi-pension (l'adjectif «demi» ne s'accorde pas s'il est placé avant le nom). En demi-pension, sont inclus seulement le prix du petit déjeuner et du dîner alors que en pension complète le prix des trois repas est inclus
• le linge est fourni → mis à la disposition
• en dernier lieu → enfin
• je vous serais très obligée → je vous serais reconnaissante

EXERCICES 3, 4, 5, 6

Le but de ces exercices étant de stimuler la créativité tout en l'orientant vers un objectif précis, nous ne proposons pas de corrigé type.

EXERCICE 7
Exemples de réponses :
• *Ta lettre que j'ai reçue...*
    qui est arrivée...
    qui m'a fait très plaisir...
• *Je regrette vraiment de ne pas pouvoir...*
        de n'avoir pas pu...
        que tu (ne) sois (pas)...
        que nous n'ayons pas pu...
• *Tu comprends que je dois...*
        que j'ai été obligé de ...

que nous ne pourrons pas...
• *J'espère que tu ne m'en veux pas...*
    que tu (n') as (pas) eu...
    que tu ne pensais pas...
    que tu pourras...
• *Tu ne me parles pas de ton nouvel appartement...*
        de (+ prénom)...
• *As-tu fini tes examens...*
        de décorer ton appartement...
• *Quand penses-tu venir...*
        que nous pourrons...

- *L'autre jour j'ai rencontré un de mes anciens camarades de lycée* (+ prénom)…
- *Je crois qu'il a été surpris de…*
  qu'il (ne) voulait (pas)…
  qu'il voudrait…
- *Il faudrait que nous allions…*
- *As-tu vu le film* (titre du film) *?*
- *Cela m'a beaucoup plu / amusé(e) / ému(e) / déprimé(e)…*
- *Je lis* (titre du livre)
- *C'est l'histoire d'un homme / d'une femme / de deux amis…*
- *Je ne sais pas si cela te plairait…*
  comment ils ont pu…
  pourquoi / quand / ce que / ce qui, etc.

- *As-tu des nouvelles de* (+ prénom)…
  de ton frère…
- *Pourquoi ne veut-il pas…*
  ne viendrait-elle pas…
  n'ont-ils pas pu…
  ne pas l'inviter…
- *J'aimerais bien savoir si…*
  que tu m'envoies…
- *Ce serait une bonne idée si nous décidions de…*
- *Car je dois poster cette lettre avant…*
  je devrais déjà être à un rendez-vous…
- *À bientôt et bonne chance pour…*
  bon courage pour…
  garde le moral…
- *Je t'embrasse / affectueusement / amicalement, etc.*

EXERCICE 8

*Voici la pétition dont je t'ai parlé **au** téléphone. Il faudrait faire des photocopies et les faire signer **par** le maximum de personnes. Il s'agit **de** deux prisonniers dont Amnesty International demande la libération – deux jeunes poètes **de** mon pays qui ont été incarcérés arbitrairement il y a un an.*

*Je joins l'article qui raconte **en** détails leur histoire.*

Renvoie-moi tout ce que tu auras pu faire signer le

*20 mars **au** plus tard. Merci mille fois **de** ton aide. C'est rassurant **de** savoir que je peux toujours compter **sur** toi.*

***Dans** deux mois nous allons organiser une grande campagne **pour** l'abolition de la peine de mort et là encore j'aurai besoin **de** toi !*

*J'espère que ta petite famille se porte bien. Embrasse-les tous **pour** moi.*

*Encore merci et **à** bientôt !*

EXERCICE 9

passer une commande
attirer l'attention de quelqu'un sur quelque chose
accuser réception d'une lettre
poser sa candidature
donner des cours de français
se tenir à la disposition de quelqu'un
se voir/se trouver dans l'impossibilité de faire quelque chose
porter au crédit d'un compte bancaire
déposer des arrhes

rendre service à quelqu'un
se mettre en contact avec quelqu'un
mettre en vente
faire la connaissance de quelqu'un
présenter ses vœux
donner satisfaction à quelqu'un
faire/donner suite à une demande
se trouver/se voir dans l'obligation de faire quelque chose
porter plainte contre quelqu'un
passer une petite annonce dans un journal
virer une somme sur un compte

EXERCICE 10

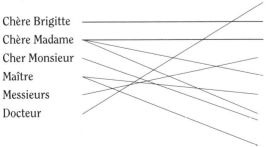

Chère Brigitte — un médecin
Chère Madame — une amie
Cher Monsieur — une institutrice
Maître — un service administratif
Messieurs — une mère célibataire
Docteur — un notaire
— une personne que vous connaissez depuis quelque temps
— un avocat

EXERCICE 11

J'accuse réception de votre lettre Réf 453/PR du 4 octobre et de la facture des travaux que vous avez effectués chez moi la semaine du 9 au 16 septembre 1989.

J'ai été très surpris de constater que la somme que vous m'aviez annoncée lors de votre première visite a été largement dépassée. En effet, je vous rappelle que vous aviez estimé la remise en état d'une partie de la toiture à 6 000 F. Or, votre facture s'élève maintenant à presque 7 500 F, ce qui représente une différence de 25 %.

Ayant été toujours satisfait de vos services et comptant parmi vos fidèles clients, je n'ai pas jugé nécessaire de vous demander un devis, d'autant plus que vous avez jusqu'à présent toujours respecté vos engagements.

Y aurait-il eu des dépenses imprévues ? Je ne pense pas car vous me les auriez probablement signalées. J'espère donc qu'il s'agit simplement d'une erreur (peut-être dans le calcul des heures effectuées par les ouvriers ?).

En conséquence, je vous prierai de procéder à une vérification et de m'adresser une facture plus détaillée.

Dans l'attente de votre réponse, veuillez agréer, Monsieur, mes sincères salutations.

EXERCICE 12

Chère Sandra,

Ton cadeau est arrivé ce matin et j'ai essayé immédiatement de te téléphoner. Malheureusement la ligne était toujours occupée. Vraiment, tu ne pouvais pas m'offrir quelque chose qui me fasse plus plaisir : j'ai cherché partout ce livre mais on me répondait toujours qu'il était épuisé. Comment as-tu fait pour le trouver ? Merci mille fois ! Je vais m'y plonger avec délice...

Ici, tout va bien. Pierre travaille comme un fou pour monter le spectacle de théâtre («La Cantatrice chauve» de Ionesco) dont je t'ai déjà parlé. Note bien la date : le 6 septembre. Seras-tu à Paris à ce moment-là ? Quant aux enfants, ils sont chez leur grand-mère et je profite donc du calme...

Nous comptons sur toi en septembre. Il me semble que cela fait une éternité que nous ne nous sommes pas vues !

Je te quitte en t'embrassant bien fort et en te remerciant encore de ton cadeau.

Tania

EXERCICE 13

1. Je vous **saurais** gré... (du verbe «savoir» et non «être»).
2. Vous n'êtes pas sans **savoir** (vous n'ignorez pas).
3. Ses déclarations se sont **révélées** fausses (il est déconseillé d'utiliser le verbe «s'avérer» avec les adjectifs «vrai» ou «faux»).
4. Veuillez agréer, Madame, l'expression de mes **meilleurs sentiments** (les «salutations» ne peuvent pas «s'exprimer»).
5. Nous **étions convenus**... : auxiliaire «avoir» quand le verbe signifie «être approprié, agréer» (par exemple «cette décision m'aurait convenue si...») mais auxiliaire «être» dans le sens de «tomber d'accord».
6. **Quoique / bien** que je vous **aie** écrit... Malgré les lettres que je vous ai adressées.
7. **Dans l'attente** d'une réponse favorable, veuillez... (On ne peut pas utiliser le participe présent ici car le sujet du participe présent n'est pas le même que le sujet du verbe principal : c'est l'expéditeur qui attend la réponse favorable, mais c'est le destinataire qui doit agréer...)
8. Nous nous associons à votre peine.
9. Je vous accuse réception de votre lettre.
10. **Excusez-moi / Veuillez m'excuser / Je vous prie de (bien vouloir) m'excuser.**
11. Il vous prévient qu'il ne pourra vous recevoir («d'avance» est superflu puisqu'on utilise déjà le verbe «prévenir»).
12. **Je vous prie de m'accorder** un rendez-vous.
13. **Quelle que** soit votre réponse...
14. **Pour cause de maladie / Pour raison de santé.**
15. **Cela** m'intéresserait de revenir sur cette **prétendue** affaire...
16. **Quoi que** vous fassiez...
17. Je vous préviendrai **dès qu'il arrivera ; aussitôt qu'il arrivera, dès son arrivée.**
18. **Du** point de vue légal...
19. Il nous faudra **résoudre** ce problème...
20. Je **me le** rappelle fort bien («se souvenir de quelque chose» mais «se rappeler quelque chose»).

INDEX

TERMES D'ARTICULATION

Lorsque vous avez classé vos idées, que vous les avez formulées en phrases cohérentes, il faut les lier les unes aux autres. Ces termes peuvent vous être utiles :

VOUS VOULEZ	UTILISEZ	EXEMPLES
ajouter une idée qui peut renforcer la précédente	**par ailleurs** **en outre** **de plus** **d'autre part**	*Par ailleurs, je ne vois pas pourquoi...* *En outre, il convient de...* *De plus, la suite des événements a montré que...*
atténuer ce qui précède	**du moins** **encore** (+ inversion)	*Du moins ai-je déclaré que...* *Encore faut-il préciser que...*
attirer l'attention sur un exemple ou un fait précis	**notamment** **en particulier** **quant à** **à propos de** **au sujet de** **en ce qui concerne**	*Cela créera des problèmes,* *notamment celui de...* *Quant à votre facture du...,* *À propos de votre remarque...* *Au sujet de notre conversation* *téléphonique, je tiens à...*
concéder	**certes... mais**	*Certes vous êtes en droit de...* *mais je pense que...*
conclure	**donc**	*Je vous serais donc reconnaissant* *de bien vouloir...*
détromper	**en fait** **en réalité**	*En fait, il n'a jamais été question de...* *En réalité, elle ne veut pas...*
émettre des réserves	**toutefois** **cependant** **néanmoins**	*Toutefois il serait souhaitable de...* *Cependant nous aimerions...* *Je dois néanmoins préciser que...*
exclure	**excepté** **sauf** **mis à part** **hormis**	*Excepté ce point de désaccord, nous...* *Sauf erreur de notre part...* *Mis à part ces détails à régler, il...* *Hormis le fait que...*
expliquer les conséquences	**de ce fait** **c'est pourquoi** **par conséquent** **en conséquence** **pour toutes ces raisons** **aussi** (+ inversion) **ainsi**	*De ce fait, je n'ai pas pu...* *C'est pourquoi nous regrettons...* *Par conséquent je ne crois pas que...* *En conséquence, je vous demanderai...* *Pour toutes ces raisons il n'est pas* *possible de...* *Aussi faut-il dès à présent...* *Ainsi avons-nous décidé de...*

VOUS VOULEZ	UTILISEZ	EXEMPLES
illustrer	ainsi par exemple	*Ainsi j'ai constaté que...* *Par exemple vous pourriez...*
opposer	or	*Nous étions parvenus à un accord...* *Or, à présent vous niez...*
	contrairement à	*Contrairement aux clauses de notre contrat, vous avez...*
	en revanche	*Je ne peux pas... En revanche je suis disposé à...*
	au contraire	*Au contraire il vaudrait mieux...*
présenter chronologiquement les faits (ou les différentes parties de la lettre)	avant tout (tout) d'abord ensuite de plus enfin	*Avant tout je dois vous expliquer...* *Tout d'abord je vous remercie de...* *Ensuite en ce qui concerne...* *De plus, je dois préciser que...* *Enfin, il me semble que...*
présenter dans la même phrase – 2 idées – une alternative	d'une part... d'autre part soit... soit	*D'une part il faudrait fixer une date, d'autre part nous devrions...* *Soit vous acceptez, soit vous renoncez à...*
récapituler	de toute façon quoi qu'il en soit bref	*De toute façon il est trop tard...* *Quoi qu'il en soit, il s'agit à présent d'agir vite...* *Bref, ce fut une rude journée...*
se référer à un événement ou à une chose	conformément selon suivant ainsi que	*Conformément aux articles 124...* *Selon les clauses du contrat...* *Suivant les conventions signées...* *Ainsi que nous en avons décidé...*
renforcer l'idée précédente en ajoutant un élément	en effet d'ailleurs Du reste	*En effet, je vous avais spécifié...* *D'ailleurs nous étions convenus de...* *Du reste les résultats montrent que...*
résumer des faits, des idées, une décision en les	en bref finalement en définitive	*En bref, je dirai que cette affaire...* *Finalement nous avons renoncé à...* *En définitive il s'avère que...*

QUELQUES SIGLES UTILES POUR LA CORRESPONDANCE

AR	Accusé de réception
Av.	Avenue
Blvd / Bd	Boulevard
BP.	Boîte postale
Rte	Route
CEDEX	Courrier d'Entreprise à Distribution Exceptionnelle
CCP	Compte Chèque Postal
cf.	Confer (reportez-vous à)
CV	Curriculum Vitae
Fg / Faub	Faubourg
Fco	Franco
HT	Hors taxes
id	Idem (le même)
i.e.	Id est (c'est-à-dire)
LR	Lettre recommandée
M	Monsieur
Me	Maître
MM	Messieurs
Mme	Madame
Mlle	Mademoiselle
NB	Nota Bene (Notez bien)
NR	Notre référence
Orig.	Original

PCV	Paiement Contre Vérification (Communication téléphonique payable par le correspondant)
PJ.	Pièces jointes
PR	Poste Restante
PS	Post Scriptum
PTT	Postes Télégraphes Téléphones / Postes et Télécommunications
réf.	Référence
RIB	Relevé d'identité bancaire
RSVP	Répondez s'il vous plaît
Rte	Route
RV	Rendez-vous
SA	Société anonyme
SARL	Société à Responsabilité Limitée
s/c	Sous couvert de
Sté	Société
Tél	Téléphone
TTC	Toutes Taxes Comprises
TVA	Taxe sur la Valeur Ajoutée
V	Voir
VR	Votre référence
v.v.	Vice versa

Pour les Télex

ME	Madame
MM	Messieurs
MMES	Mesdames
MLLES	Mesdemoiselles
V/	Votre
N/	Notre
NS	Nous

VS	Vous
SS	Ses
P.EX.	Par exemple
SVP	S'il vous plaît
ATTN de	À l'attention de
MOM	J'attends / attendez un moment

LES SIGNES DE PONCTUATION

Signes et fonctions	Remarques
, La virgule rythme la phrase en la découpant en séquences logiques	– En général pas de virgule avant «et», sauf s'il y a liaison de deux constructions différentes : Ex : *C'est votre ami, et vous devez le comprendre.* – Mais la virgule peut changer le sens de la phrase : Ex : *Elle m'a montré la couverture de ce livre qui est magnifique* (le livre est magnifique).

Signes et fonctions	Remarques
	Elle m'a montré la couverture de ce livre, qui est magnifique (la couverture est magnifique). – Dans une lettre, n'oubliez pas, de mettre dans la formule finale *(Cher) Monsieur* ou *(chère) Madame* entre deux virgules.
; Le point virgule sépare 2 parties assez longues de la phrase	– Pas de majuscule après un point virgule. – Ne pas abuser du point virgule.
. Le point marque la fin de la phrase	– Toujours une majuscule après un point pour commencer une nouvelle phrase. – Se place après une abréviation.
: Deux points annoncent un développement	– On emploie les deux points devant une énumération, une citation, ou l'énoncé d'une idée qui va prolonger ou expliquer ce qu'on vient d'affirmer. – Dans une énumération, ne pas mettre les deux points deux fois de suite. – Pas de majuscule après les deux points.
... Points de suspension marquent un sous-entendu ou un ton ironique	– En général, on en met trois... sauf dans des lettres personnelles où tout est permis ! – Trois points entre parenthèses (...) dans une citation, indiquent qu'on en a supprimé un passage. – Il précèdent les autres points... ; ... ? ... ! mais on peut avoir aussi ?... !... – Après l'initiale d'un nom qu'on ne veut pas citer on écrit Mme L... a porté plainte contre X...
? ! Points d'exclamation et d'interrogation	– En général, pas d'autre point de ponctuation après ? et ! – Un seul suffit, même si dans les lettres personnelles on peut trouver des variations fantaisistes !!!!!????!!!??!!!
( ) Les parenthèses indiquent une digression ou une remarque ou peuvent inclure une énumération	– On emploie aussi l'expression « par parenthèses» pour dire qu'on fait une remarque en passant (familier). Ex: *Je te signale, par parenthèses, que je n'ai toujours pas reçu...* «Entre parenthèses» signifie concrètement placé entre les parenthèses.
« » Les guillemets mettent en valeur un mot, une expression ; encadrent une citation	– Si une citation est complète, les guillemets sont après le point : .» S'il s'agit seulement d'une partie d'une phrase citée le point se met après : ». – Attention ! dans les opérations chiffrées (tableaux, catalogues, etc.) le guillemet indique la nullité.
– Les tirets s'utilisent comme les parenthèses ; s'emploient dans les dialogues	– Un tiret peut aussi servir à prolonger, mettre en relief ou préciser une idée : Ex : *Ce ne serait pas raisonnable – même pas envisageable.*

MÉMENTO DE CONJUGAISON

INDICATIF

présent	verbes en **er** + ouvrir, couvrir, offrir souffrir, cueillir et leurs composés + assaillir Exemple : marcher je march**e** – tu march**es** – il/elle march**e** nous march**ons** – vous march**ez** – ils/elles march**ent**	Autres verbes Exemple : venir je vien**s** – tu vien**s** – il/elle vien**t** – nous ven**ons** – vous ven**ez** – ils/elles vien**nent** verbes en **dre** (sauf en **indre** et **soudre**) + s'asseoir (2 possibilités) Exemple : résoudre je résou**s** – tu résou**s** – il/elle résou**d** nous résolv**ons** – résolv**ez** – ils/elles résolv**ent**
	Cas particuliers : – être, avoir, aller – dire, faire (vous di**tes**, vous fai**tes**) – vouloir, pouvoir (je veu**x**, tu veu**x**, il veu**t**) – vaincre et composés (je vain**c**, tu vain**cs**, il vain**c**) – verbes en **ger**: (nous mang**eons**)	
passé composé	être ou avoir + participe (au présent) passé	

Temps simples	Temps composés
imparfait Le radical est formé à partir du présent à la 1re personne du pluriel : Exemple : prendre : nous prenons → je pren**ais** – tu pren**ais** – il/elle pren**ait** – nous pren**ions** – vous pren**iez** – ils/elles pren**aient** Exception : être → j'étais…	**plus-que-parfait** être ou avoir à l'imparfait + participe passé
futur simple Exemple : partir je partir**ai** – tu partir**as** – il/elle partir**a** – nous partir**ons** – vous partir**ez** – ils/elles partir**ont**	**futur antérieur** être ou avoir au futur + participe passé
passé simple Varie suivant les verbes : aller : j'all**ai** – tu all**as** – il/elle all**a** – nous all**âmes** – vous all**âtes** ils/elles all**èrent** faire : je f**is** – tu f**is** – il/elle f**it** – nous f**îmes** – vous f**îtes** – ils/elles f**irent**	**passé antérieur** être ou avoir au passé simple + participe passé

vouloir : je voul**us** – tu voul**us** – il/elle voul**ut** – nous voul**ûmes** – vous voul**ûtes** – ils/elles voul**urent**

Exceptions : venir, tenir et leurs composés : je v**ins** – tu v**ins** – il/elle v**int** – nous v**înmes** – vous v**întes** – ils/elles v**inrent**

CONDITIONNEL

présent	**passé** (1re forme)
Le radical est formé comme celui du futur. Exemple : aimer j'aim**erais** – tu aim**erais** – il/elle aim**erait** – nous aim**erions** vous aim**eriez** – ils/elles aim**eraient** .	être ou avoir au conditionnel présent + participe passé

SUBJONCTIF

présent	**passé**
Le radical est formé à partir de la 3e personne du pluriel du présent de l'indicatif. Exemple : prendre : ils prennent – que je prenne – que tu prennes – qu'il prenne – qu'ils prennent ; mais pour le «nous» et le«vous» on utilise l'imparfait de l'indicatif : → que nous prenions, que vous preniez. Beaucoup de subjonctifs irréguliers : avoir,être, faire, pouvoir, aller, savoir, vouloir, etc.	être ou avoir au subjonctif présent + participe passé

PARTICIPE

présent	**présent-passé**
Le radical est formé à partir du présent de l'indicatif à la 1re personne du pluriel. Exemple : vouloir : nous voulons → voul**ant** Exceptions : être, avoir, savoir	être ou avoir au participe présent + participe passé

passé
Varie suivant les verbes : gagner → gagn**é** – réussir → réuss**i** – pouvoir → p**u**
Cas spéciaux : haïr → haï – ouïr → ouï – devoir → d**û** – croître → cr**û** – ouvrir → ouvert, etc.

IMPÉRATIF

présent	**passé**
Se construit à partir du présent de l'indicatif en supprimant les pronoms. Exemple : croire → ~~tu~~ crois ! – ~~nous~~ croyons ! – ~~vous~~ croyez ! Exceptions : être, avoir, savoir, vouloir	être ou avoir à l'impératif + participe passé

* pour les verbes en **er** (et ceux qui fonctionnent comme eux, supprimer le «s» du verbe conjugué au présent de l'indicatif à la 2e personne du singulier : marcher → ~~tu~~ marche~~s~~ !

INFINITIF **passé**	être ou avoir à l'infinitif + participe passé

CONSTRUCTION DES VERBES

Ce tableau récapitulatif peut vous aider à vérifier les diverses possibilités de constructions de verbes souvent utilisés dans la correspondance.

On remarque souvent l'alternative :
– indicatif (réalité) / conditionnel (éventualité) ou infinitif / subjonctif

Dans la colonne **Infinitif** :

X = infinitif sans préposition, Ex. : *Je préfère négocier.*

de X = infinitif précédé de *de*, Ex. : *J'ai décidé de faire appel.*

à X = infinitif précédé de *à*, Ex. : *Je n'ai pas réussi à vous voir.*

	Indicatif	Infinitif	Subjonctif	Conditionnel
J'accepte (que)		de ×	×	
J'aimerais (mieux)		×	×	
J'ai appris (que)	×			×
J'autorise (quelqu'un)		à ×		
Je certifie (que)	×	×		
Je commence		à ×		
Je comprends (que)	×		×	×
Je compte (que)		×	×	
Je continue		à ×		
Je crains (que)		de ×	×	
Je crois (que)	×	×		×
Je ne crois pas (que)		×	×	
J'ai décidé (que)	×	de ×		×
Je me suis décidé		à ×		
Je (vous) demande (que)		de ×	×	
Je me demande (si)	×			×
Je désirerais (que)		×	×	
Je dois		×		
Je doute (que)		×	×	
Je m'engage		à ×	à ce que ×	

	Indicatif	Infinitif	Subjonctif	Conditionnel
J'espère (que)	×			×
J'estime (que)	×	×		×
Je m'étonne (que)		de ×	×	
J'ai fini		de ×		
J'ai hâte (que)		de ×	×	
Je ne manquerai pas		de ×		
J'ai négligé		de ×		
J'ose		×		
J'ai oublié (que)	×	de ×		×
Je pense (que)	×	×		×
Je ne pense pas (que)		×	×	
Je me permets		de ×		
J'ai peur (que)		de ×	×	
Je préfère (que)		×	×	
Je vous préviens (que)	×			×
Je vous rappelle (que)	×	×		×
Je reconnais (que)	×	×		×
Je refuse (que)		de ×	×	
Je regrette (que)		de ×	×	
J'ai renoncé		à ×		
Je vous répète (que)	×			×
J'ai réussi		à ×	à ce que ×	
Je vous saurai gré		de ×		
Je vous serais reconnaissant		de ×		
Il (me) semble (que)	×	×		×
Je souhaite (que)		×	×	
Il vaut mieux (que)		×	×	
J'ai vérifié (que)	×		×	×

Illustration : Jean-Paul Gruyer
Couverture : Graphir
Composition et réalisation : CND International
Édition : Françoise Lepage

Imprimé en France en mars 1996 sur les presses de l'Imprimerie Carlo Descamps
à Condé-sur-l'Escaut — N° d'éditeur : 10032768-(V)-(20)-OSBT 80 — N° d'imprimeur : 96044
Imprimé en France